形 象 礼 仪 / 气 质 修 养 /

让您的岁月更优雅

——漫话老年礼仪

编著◎冯 兰 李荣建 关一鸿

RANGNIN DE
SUIYUE GENG YOUYA
MANHUA LAONIAN LIYI

长江出版传媒 Changjiang Publishing&Meadia
湖北科学技术出版社 HUBEI SCIENCE & TECHNOLOGY PRESS

作者简介

冯　兰

冯兰，华中农业大学文法学院社会学系教授。2007 年底退而未休，从大学课堂转向社会大讲堂，一如既往地致力于教育事业。注重提升社会大众、青少年文明礼仪素养和优雅气质。通过对各类群体的几百场公益讲座，传播优秀礼仪文化，传递正能量，广受社会好评。

曾荣获首届中国公共关系十大优秀人物称号、多次荣获省高教工委、教育厅、教育工会授予的先进荣誉称号、荣获中国高教公关名师、中国老教授协会“开拓进取 为人师表”先进个人、湖北省优秀教师、省社科界十佳社团工作者、省老教授协会“老有所为”先进个人、省老年学学会工作先进个人、高等教育公关教育专委会《功勋会员》称号、荣获湖北省老教授协会老教授事业贡献奖等。

李荣建

李荣建，武汉大学教授，兼任湖北省礼仪学会会长。我国著名礼仪学专家，具有广博的礼仪理论知识和丰富的礼仪教学经验。相继编撰、出版了《外国习俗与礼仪》《谈判艺术品评》《礼仪训练》等教材，主编《华夏文化与文明礼仪》《现代礼仪丛书》《大学生礼仪》等书籍。2012 年荣获武汉大学第四届杰出教学贡献校长奖。

多次应邀为全国各地党政机关、大专院校和企事业单位作礼仪讲座，中央电视台、湖北电视台、海南电视台等拍摄、播放了李荣建教授主讲的礼仪专题片。

关一鸿

关一鸿，中国十大教育杰出人物，优质人生国际教育集团创始人、董事长，知名女性学者，关一鸿优质人生 -2 岁至 80 岁优质教育思想理论体系创始人，国内著名儿童感觉统合理论研究学家，国内资深家庭教育专家，知名女性问题研究专家。

一生致力于“系统优质教育”的研究实施与传播。她关于“优质教育的理念与教育思想以及她提出的优质人生”的素质观点深受国内外的认可与好评。到目前为止她的优质教育讲座已达上千场。年过六旬的她，依然在为着自己的教育理想与使命在努力着。

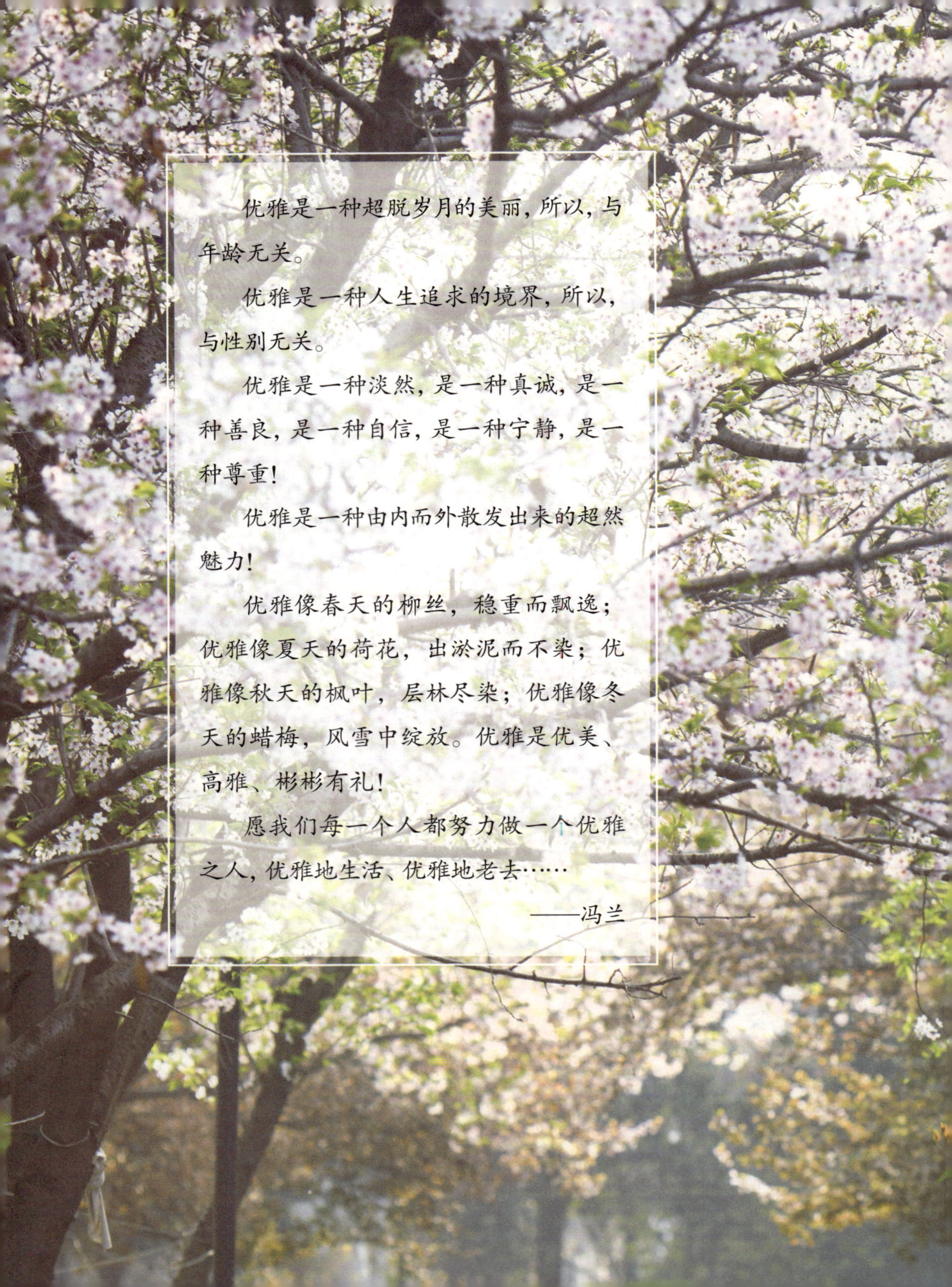

优雅是一种超脱岁月的美丽，所以，与年龄无关。

优雅是一种人生追求的境界，所以，与性别无关。

优雅是一种淡然，是一种真诚，是一种善良，是一种自信，是一种宁静，是一种尊重！

优雅是一种由内而外散发出来的超然魅力！

优雅像春天的柳丝，稳重而飘逸；优雅像夏天的荷花，出淤泥而不染；优雅像秋天的枫叶，层林尽染；优雅像冬天的蜡梅，风雪中绽放。优雅是优美、高雅、彬彬有礼！

愿我们每一个人都努力做一个优雅之人，优雅地生活、优雅地老去……

——冯兰

PREFACE

岁月无痕人有痕 前言

人们感叹：时光是无限的，而生命是有限的，而且是短暂的。人们感叹：岁月是无痕的，总是在不经意间流失，而人生是有痕的，无论是谁，来世一遭都会留下自己的印迹。正如著名诗人臧克家先生在《有的人》诗中所描述的："有的人活着，他已经死了；有的人死了，他还活着……"人们感叹，"生命老化"的过程如此之快，真是弹指一挥间。对于生命的老化，有的积极面对、有的消极听命；有的追求精彩、有的浑浑噩噩；有的开朗乐观、有的惶惶不可终日……孔子在《论语》中有一段精彩的自述："其为人也，发愤忘食，乐以忘忧，不知老之将至云尔。"孔子的一生，始终保持乐观积极向上的精神状态，始终坚持学而不厌、诲人不倦。他不愧为古代中国的形象大使，不愧为全球华人的楷模。

我们应正视生命的逐渐衰老，任何哀叹、伤感、郁闷、烦恼都无济于事，因为世间所有生命的老化，都是不可抗拒的自然规律。我们与其自哀自怨、自暴自弃、自寻烦恼，不如抖擞精神、自尊自重、调整心态，老有所学、老有所为、老有所乐，让自己的岁月更丰富、更充实、更深沉、更豁达、更优雅。

我非常钦佩、赞赏易中天教授的"老年观"——"老年是一首秋天的诗"，这是他的一首颇受大众喜爱，尤其是备受老年朋友喜爱的一首诗的主题。我曾一遍又一遍地赏读，每每读来，内心总有一种温暖和感动。借此机会特转载易中天教授的这首诗，希望与读者朋友一起分享。

老年是一首秋天的诗

文 / 易中天

人生好比文学。少年是春天的歌，老年是秋天的诗。

少年在春天里放歌。这是他们的季节，是他们天真的、烂漫的、稍纵即逝和永不复返的花季。那时，天特别蓝，树特别绿，云彩特别白，花儿特别红，自己的嗓音也特别嘹亮，接踵而来的初夏是属于青年的。那是这样一个季节：初恋的情绪变得成熟或被催熟，美好的理想变成现实或被击溃。事业和爱情时而浪漫时而实际，流溢成一篇篇可圈可点的散文。然后艰苦奋斗的中年，一个由小说情节构成，充满戏剧性悲喜交加的苦乐年华。它有着盛夏的激情和喧嚣，欢乐和烦恼，可能还有风雨和雷暴。当然，也有着汗水淋漓和硕果累累。

现在，这一切都过去了。

雁去叶落，橘红穗黄，天高云淡，风静潮平。秋天到了。诗的季节到了。

秋天是在不知不觉中到来的，然而又是何等地充满魅力。秋日的和阳不再光彩夺目不再火热骄人，暖暖地只是一片温情。秋日的田野不再躁动不安不再生机勃勃，静静地只是一片收获。秋日的林木不再满身披挂不再密不透风，默默地只是一片质朴和本真。老年就是秋日的和阳、秋日的田野、秋日的林木，是秋天绵长、醇厚、丰富、深沉的诗。

秋天的诗是人生的体验和领悟，是一种因太多的阅历而淡泊超脱的境界情怀。是一种坦然面对生死荣辱的人生态度。有谁比老年人更能拥有这样一份体验和领悟、境界和情怀呢？在走过了人生的沟沟坎坎，经历了人生的风风雨雨之后，面对秋日硕果和冬季将临，金钱、名誉、地位、享受，这些世俗的追求已不再有意义，也不再值得萦怀，然而生命的价值却会空前地凸显出来。因此，老年人就有可能更接近生命的本真，就像秋日的天空格外澄明一样。

这种纯净和澄明正是诗的品格。所以，诗总是天然地属于少年和老年。少年的纯净来自天真，老年的澄明来自超脱，正如青年的浪漫来自热情，中年的丰富来自执着，天真可贵，热情可爱，执着可取，超脱可敬。超脱不仅是一种人生态度，更是一种人生智慧。因为智慧，所以用不着喋喋不休；因为超脱，所以犯不着愤愤不平。有智慧垫底的豁达超然，有如一潭秋水，清澈见底，却又深沉厚重，韵味无穷。

老年应该是这样一首诗。

老年能够成为这样一首诗。

PREFACE

优雅之美 序

有一种美穿越时光

有一种美生命芬芳

有一种美洗尽铅华

有一种美超逸高尚

有一种美温良谦恭

有一种美道德至上

有一种美玉洁冰清

有一种美气质端庄

有一种美微澜涓流

有一种美从容坦荡

有一种美格调精致

有一种美惠风和畅

有一种美睿智通达

有一种美自信大方

有一种美水木清华

有一种美浮动暗香

有一种美自在得体

有一种美不卑不亢

有一种美表里如一

有一种美君子涵养

有一种美锦心绣口

有一种美善善从长

有一种美春风化雨

有一种美凤鸣朝阳

应冯兰教授、李荣建教授盛情邀约，谨以此诗代序。这首诗也抒发了我对“优雅之美”由衷的赞叹！真诚希望这部传播礼仪文化、倡导做“优雅之人”，传播积极向上的正能量，促进社会和谐，利国利民的，敬献给广大中老年朋友的佳作早日问世！

牛均富

写于 2016 年 12 月 8 日

牛均富先生是著名行吟诗人、影视评论家，现任中国电影家协会会员、湖北省电影家协会副主席、湖北省电影评论学会名誉会长、武汉作家协会理事、湖北省礼仪学会资深顾问等。

CONTENTS

让您的岁月
更优雅

目录

Part 1 形象礼仪篇

Part 2 气质修养篇

Part 3 社交礼仪篇

PART 1

形象礼仪篇

XINGXIANG LIYI PIAN

▲形象意味着一切。

——安德鲁·阿加西（著名形象设计师）

▲形象如同天气一样，无论是好是坏，别人都能注意到，但却没人告诉你。

——乔·米查尔（著名形象专家）

第一章 仪容——好形象好感觉

放弃形象是我最大的错。

——倪萍

每个人都有一座魅力形象的宝库，等待开发释放。

——司马怡然

最美不过夕阳红

著名央视节目主持人倪萍退休后，关于自我形象的亲身经历，对我们老年朋友而言，无疑是很好的警醒。她曾说："我最大的错误就是放弃了形象。"一次，倪萍去菜市场买菜，被认出，她的粉丝拉着她的胳膊哭问："怎么这么老了？是不是过得不好？"从那以后，倪萍决定改变自己，不为别的，为了爱戴她的粉丝。一年后，倪萍瘦了20多斤、整个人看起来年轻了20多岁！倪萍感叹："分享与播种美好的事物是人与生俱来的本性。纯净的心灵、美丽的容颜、美好的生活，每个人都应该拥有！生命有限，美丽无价！只要你想变美、变年轻，没有什么不可以，女人千万不能放弃自己！"其实，每一位即将步入老年，或已经步入老年的朋友，不仅不能放弃自己的形象，还要使自己的形象更优雅！

倪萍曾感慨地说："别人在保养，你在问价；别人在美肤，你在犹豫；别人在变美，你在擦地；别人和男朋友恩爱非常，你却在家独守空房。然后，对着镜子感叹：老了，老了！地板拖得再亮，男朋友也不会去亲地板！还不去把自己收拾一下，让全世界都多看你一眼！"她的话值得我们体味。

保持和维护良好的形象，就会找到好的感觉，不仅神清气爽，而且还能增强自信心。著名电影演员秦怡，就是我们的楷模。她曾被周恩来总理称为“中国最美丽女性”，作为德艺双馨的文艺工作者，她事业辉煌，当选“中国十大女杰”、当代中国“非凡女人”，88 岁高龄时，还荣获了第十八届金鸡百花电影节“终身成就奖”。虽然她的人生十分坎坷，经历了无数艰苦岁月的磨砺，但如今迈入耄耋老人行列的她，却依然雍容优雅、魅力四射、光彩夺目。靳羽西女士（被誉为“环球 20 位最具影响力的世纪女性”）评价秦怡是“亚洲最美丽的女性”。她说：“秦怡有一种人格美，从她身上可以学到怎样做一个内在美的女人，正是内在美才使很多人获得成功。她经历过很多挫折，还能保持外表美和内在美，我感觉她是最漂亮的女人。”

秦怡，中国著名演员、艺术家。2009 年 10 月 17 日 88 岁的她荣获第 18 届金鸡百花终身成就奖

秦怡从内而外透出的优雅和美丽，她坚忍不拔的毅力，尽职尽责的精神，伟大的母爱，都值得我们学习和效仿。秦怡，她多像一抹夕阳，温馨又从容，她用自己美丽而善良的人生，诠释了那首脍炙人口的歌曲——最美不过夕阳红。

夕阳红

作词：乔 羽
作曲：张丕基

1=♭B 4/4

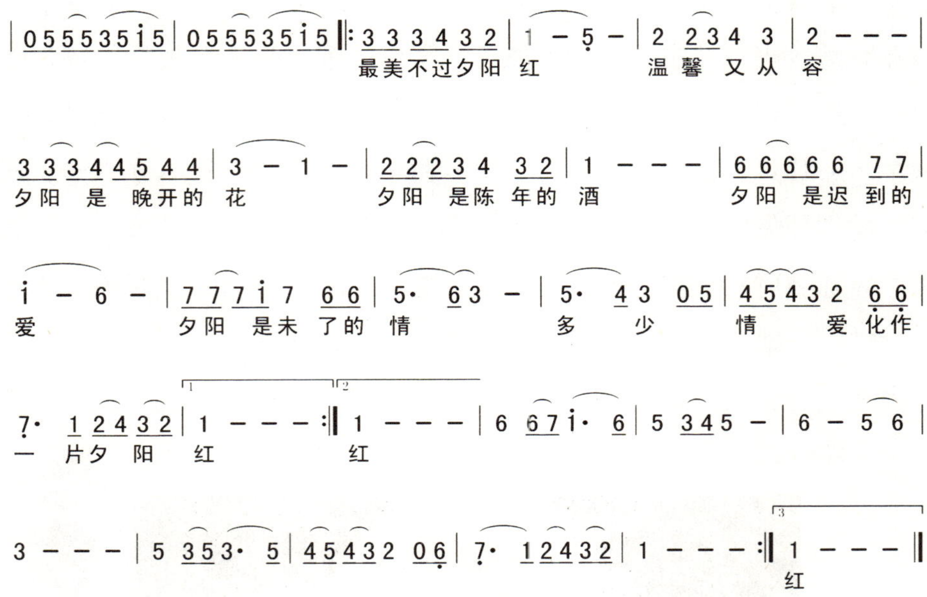

保持整洁的容貌

面部清洁干净

女士面部要干净、清爽，透过良好的容貌，展示出整洁、端庄、精神饱满的状态。

男士要经常理发、刮胡子，保持发型整齐，不凌乱，保持脸部干净利落。

老年人最好不留胡须，以免藏污纳垢，容易沾上灰尘和细菌，也不好打理。对于爱好留胡须的老人，要特别注意胡须的打理和保持清洁卫生。保持胡须干净清爽，才能尽显独特风采。

了解皮肤肤质类型

皮肤肤质类型一般分为三类：油性、中性、干性。

油性——油脂分泌旺盛，肤质较粗糙，油性明显，毛孔较大。应注意随时保持皮肤洁净清爽，注意补水及皮肤的深层清洁，控制油分的过度分泌，调节皮肤的平衡。

中性——水分、油分适中，分泌较均衡，皮肤酸碱度适中，皮肤光滑柔软，富于弹性，红润而有光泽，毛孔细小。

干性——缺少油分和水分，肤质较细，无光泽，易干燥。要多做按摩护理，促进血液循环，注意使用具有滋润、美白、活性的修护霜和营养霜。注意补充肌肤的水分与营养成分、调节水油平衡的护理。

正确使用护肤用品

洗面奶、洁面乳通常也分为油性、中性、干性三种，不同肤质宜选用不同的护肤品。

油性：使用油分较少、清爽型、抑制皮脂分泌、收敛作用较强的护肤品。白天用温水洗面，选用适合油性皮肤的洗面奶，保持毛孔的畅通和皮肤清洁。避免使用油性护肤品，要注意适度的保湿。

中性：夏天选水分充足的，冬天选滋润性强的护肤品，选择范围较广。

干性：要使用保持营养型的产品，选择非泡沫型、碱性度较低的清洁产品，带保湿的化妆水等。

温馨提示 我们应根据自己的皮肤肤质类型，选用洗面奶或洁面乳。泡沫少，较温和的洗面奶，适合干性肤质的人使用；泡沫较多，去油性强的洗面奶，适合油性肤质的人用。无论选择什么样的洗面奶或洁面乳，使用时量都不宜过多，先将适量的洗面奶挤在手心，加点水充分揉搓，再涂在脸上按摩3分钟左右，然后认真清洗干净。老年人一般不宜过度使用洗面奶或洁面乳。

化妆表达尊重

化妆——表达一种尊重

“爱美之心，人皆有之”，年轻有年轻的美丽，老年有老年的风采。化妆打扮也不仅仅是年轻人的专利，老年人适当化妆打扮，更能展现成熟美，深沉、庄重又透出气质美，令人敬重。化妆不是简单的爱美，化妆是表达一种尊重，既是对他人的尊重，也是对自己的尊重。

有一位80多岁的美国老太太，因乳腺癌做手术住进了山东一家医院。乳腺癌手术在国内一般都是一刀切除，术后患者胸部成平板，甚至凹陷。老太太提出要切除肿瘤，但同时要保持她女性的特征。这个要求出乎医护人员所料。为此，医生专门为她制订了较复杂的治疗方案。在整个治疗期间，老太太一直乐观面对，始终保持热爱生活的积极态度。她每天只要走出病房，或是有外人要来看望她，她一定要认认真真地化妆。一次记者来到她的病房采访她，她正在化妆，镜头对着她时，她微笑着抱歉地说："对不起，我还没有化好妆，等我化好妆后再采访。"化妆对她而言就是表达一种尊重，尊重与她交往的人，也尊重自己。

后来，经过医生的精心治疗，加之老太太的积极配合，手术很成功，而且也符合她的要求。主治医生为她治疗期间，非常辛苦，她为医生画了一幅肖像，在她治疗结束快要出院前，准备送给主治医生，以表感谢之情。可是，她看到画像不太像，原因是主治医生全身心地投入为她的治疗，连刮胡子的时间都没有，胡子长长了。老太太执意要为他修改画像，直到满意为止。这是一位多么可爱又可敬的老太太呀！

化妆——用智慧美化容貌

化妆是用智慧美化容貌。老年人借助化妆可达到意想不到的效果。化妆通过巧妙的取长补短，使您精神焕发，展露儒雅气质，尽显端庄优雅，何乐而不为呢？

许多外国老年人喜欢化妆，每天打扮得漂亮又精神，能够产生一种优雅自信的感觉。有些著名的化妆品公司如“资生堂”，在20世纪70年代就开始前往老人公寓举办仪容、仪表讲座，教老人如何化妆。学习化妆美容，让老人们晚年更愉快。

越是老年人，越是要在人生最后的旅途中扮靓自己，活出精彩。在扮靓自己的同时，也扮靓了城市。要勇于突破传统束缚、自我束缚和世俗眼光，用智慧和自信美化自己的生活。

化妆——有助于延缓衰老

1. 化妆对老年人健康具有积极影响 据国外的专家学者调研发现，化妆确有激发老年人生活激情，促进生活自理的作用。化妆有助于减缓老年痴呆症的发生。化妆使手指灵活度和握力的变化十分明显，能提高身体活动能力，帮助老年人保持自如行动。

2. 化妆也是一种康复训练 化妆的动作，不仅会提高唾液的分泌功能，使吞咽食物的能力随之提高，还能增强肌肉力量，进而有利于口腔健康，达到长寿目的。

3. 化妆使老年人心情愉快、增强自信、延缓衰老 老年人注意穿衣打扮，能振奋精神，愉悦心情，有助于缓解大脑的衰老，还可使人容光焕发、青春常在。

据一位在美国养老院做过义工的台湾人介绍，美国人不论年纪大小都很注重自己的形象。养老院的美容沙龙都设在最显眼处。美容沙龙采用预约制，一个接一个，躺在病床上的老太太照样吹头发，吹整得利落大方，还设有专人免费为老人擦指甲油，让老太太们很开心。美国老人的着装也很讲究，用色亮丽显眼。鲜嫩鹅黄或纯白的长裤、外套，都是日常穿着。而且他们一定要擦口红，显得很有精神。有一位叫玛丽的老太太，90岁的高龄，天天穿着漂亮的衣服坐在轮椅上，到处与人聊天。她每天一定要化妆，而且项链、耳环一样不少，她说："打扮漂漂亮亮的，心情好，才不显老。"

曾有一位中国留学生在国外参加一个家庭聚会，席间遇到一位80多岁的老太太。那天下着小雨，老太太穿着漂亮的风衣和美丽的长靴，拎着精致的手袋，化着得体的淡妆，神采奕奕地走进来。晚辈们围上来，夸她漂亮。正当大家纷纷夸赞老人的美丽时，只见她又从手袋里拿出一双精致的软皮中跟皮鞋，不慌不忙地把靴子换了下来，把中国留学生看得目瞪口呆。由此，她感叹国外女性注重自身美丽的程度和将美丽进行到底的信心。

温馨提示 老年人的妆容，一般以简单优雅为宜，切忌过浓过厚。化淡妆，既显得自然，又能提升自信，而且将老年人的柔和、端庄、慈祥之美，通过淡雅的妆容体现出来。色彩宜选用中性、柔和的色调。

简易化妆（淡妆、生活妆）的步骤

1. 擦乳液 在洗净的面部点涂润肤霜或乳液，涂抹均匀，起护肤和滋润的作用。

2. 打粉底 有粉底液、粉饼两种，可任选一种接近自己肤色的。一般以自然色、液体状为宜。如果擦粉底液，就用手指蘸取少量，分别点在额头、鼻梁、脸颊、下巴等处，然后轻轻推匀。如果擦粉饼，则用粉扑均匀地扑上。如果脸上有斑，可用遮瑕膏遮盖，作局部处理。

3. 画眉 眉笔的颜色要选与自己眉毛颜色最接近的。画眉一般从眉头开始描画眉毛。

4. 画眼影　同一色以不同深、浅的色彩，自眼睑下方至上方、由深至浅渐次画上。眼部化妆要小心谨慎，一般选择深色、低明度的颜色，下眼睑也可不画眼线，使眼睛看起来显得柔和、自然。

5. 刷腮红　选适合色系的腮红，微笑时，颧骨突出的部位就是刷腮红的部位，向眼角方向扫，要均匀自然。每次刷的腮红量要少、要淡，可多刷几次至效果完美。可在脸颊两侧涂少许阴影，对松弛的皮肤能起到提拉作用。

6. 涂口红　一般先用唇笔勾出唇的轮廓，然后用唇彩涂抹均匀。唇彩的颜色尽量与服装的主色调相配。

7. 照镜子　对着镜子检查妆容，这是不可忽略的最后一步，如有不妥，可做必要的修改和补妆。

8. 卸妆　一天的活动结束后，需要认真的卸妆。首先是局部重点卸妆，用卸妆棉蘸卸妆液擦洗眼、眉、唇部；其次是用洗面奶涂于面部各部位，轻轻揉洗；最后用水清洁面部，用毛巾按干后，擦润肤品。

化妆三原则：美化、协调、自然

1. 美化　化妆后显得更生动、美丽、精神。

2. 自然　化妆要显得自然、大方，自然是化妆的生命。

3. 协调　化妆要做到四个协调。

· 妆面协调：浓淡一致，左右均匀。

· 全身协调：与服饰色彩相配。

· 身份协调：与自身职业、年龄相配。

· 场合协调：与出入场合、气氛相配。

（如喜庆、隆重、哀伤不同场合有不同妆容）

第二章 仪表——好服饰好品位

服装往往可以表现人格。

——威廉·莎士比亚《哈姆雷特》

好品味是无法代替的。

——马克·吐温

没有人有义务必须透过连你自己都毫不在意的邋遢外表去发现你优秀的内在。你必须精致，这是女人的尊严。

——杨澜

服饰得体尽显庄重

好品位是无法替代的

服饰即指服装饰品。俗话说“人靠衣装，马靠鞍”，虽然，我们不能以貌取人，但注重服饰美观大方，能增添一个人的仪表魅力，增强自信心。服饰是一种文化，一种文明，是一个人文明修养的外化。

美国一位心理学家，做了一项实验。他站在同一个繁华的街角，穿着不同服装来观察和测试人们的心理状态。当他衣衫褴褛、不修边幅、蓬头垢面站在那里时，与他搭讪的大都是无业游民、乞丐、流浪汉等一类人。而当他身着西装革履、打着领带、穿着讲究站在那里时，与他说话交流的大都是看上去有身份地位、穿着考究、有绅士风度的一类人。研究表明，服饰可以透露出许多信息，它可以让人们从服装上看出对方和自己是不是属同类人，自己是否可以与对方交往等。服饰的重要性可见一斑。

服饰不仅能反映出一个人的身份地位、生活态度、精神状态，还能显示出个人品位。而好品位是无法替代的。

服饰得体庄重优雅

服装搭配最重要的是——得体。我们不能盲目跟着年轻人去赶时髦，应穿出自己的个性、气质和风采，尽显岁月沉淀后的成熟、庄重和优雅的魅力。

2011 新丝路中国魅力模特大赛（中老年模特大赛）总决赛在北京恒基中心举行，主题就是“古稀优雅绽放 T 台”。来自北京的 78 岁杨淑文女士荣获总冠军，她满头银发配以中国红旗袍，优雅时尚的脚步赢得当时所有评委和在场观众的赞赏和热烈的掌声。

2011 年 11 月 17 日　来源：人民网　作者，晓光　摄影，晓光

适合的就是最好的

对于名牌、时尚、高档服饰，我们既不排斥也不追逐，要追求适合的，只有适合的才是最好的。要根据高矮胖瘦不同体型，选择能对体型起到扬长避短的服饰搭配来装扮自己。例如，身材瘦高者，忌穿太短的上装，适宜穿横条或格子上装，服装色彩以明亮、柔和、淡色为宜，会显得丰满一些。身材矮胖者，上装不宜太长、太宽，裤子不能太短，忌穿横条纹的服装，服装色彩以深色、单色、冷色调为宜，

服装款式宜简洁，会显得略瘦一些。

要充分利用服饰的神奇功效，打造出自己最具魅力的风采。

遵循服饰 TPO 原则

服饰穿着讲究 TPO 原则，即着装要考虑到时间“time”、地点“place”、场合“occasion”。这是世界通行的着装原则。“T”代表时间、季节、时代；“P”代表地点；“O”代表场合、目的、对象。着装要与时间、季节、时代相吻合；要与所处地点、场合、环境等相吻合;要与自己的身份及不同的交往对象相吻合;要根据不同情况，选择适宜的服饰，给人留下良好的印象。

T——时间原则

不同时代有不同时代的服饰特点,穿服装要顺应时代,体现时代感。

不同季节有不同季节的着装，四季各异。一天中由于气温变化或出入场所的变化，着装也应早晚不同。

春夏季服饰

春风拂面，潇洒自如

绿色的夏天，绿色的心情

秋冬季服饰

P——地点原则

服饰穿着要考虑地点和空间环境。在家里穿的服装与在公众场合穿的服装应该是有区别的，着装要考虑您所在的场所。例如，您是在老年大学教室还是自家的卧室；是在图书馆还是体育馆；是在报告厅还是歌舞厅；是去郊外远足出游还是去博物馆、美术馆参观等等；总之，选择服装要尽量与所在的地点、环境相协调。偶见某些不注重衣着的中老年人穿着睡裙、睡衣满大街跑，就很不雅观。

O——场合、情况、对象原则

服饰穿着因面对不同场合、不同情况、不同对象而有不同选择。要顾及现场的服饰要求、现场的气氛和对象。例如，同样是去老朋友家，您是去参加沙龙聚会活动，还是看望病中的朋友呢？面对不同情况着装应特别注意。如是前者，应穿艳丽、轻松、活泼一点的服装，配以饰品装饰、增添热闹、欢乐的气氛。如是后者，则不宜穿色彩过于明亮、太透、太露的服装，也不宜穿太黑太沉的衣服，一般以色彩柔和一点的服装为宜。

另外，平时我们与家人、亲朋好友聚会穿着可以休闲随意一点；但与领导、贵宾、媒体记者等见面时，一定要讲究一点，要穿正装，以体现出庄重、大方、优雅的气质，也体现出对自己、对对方的尊重。

互补色：以某一颜色为基准，与此色相隔 180° 的任一两色互补，互补色的色相对比最为强烈，画面相较于对比色更丰富、更具有感官刺激性。

邻近色：以某一颜色为基准，与此色相隔60° -90° 的颜色为邻近色，邻近色对比属于色相的中对比，可保持画面的统一感，又能使画面显得丰富、活泼。可增加明度和纯度对比，丰富画面效果。这种色调上的主次感能增强配色的吸引力。

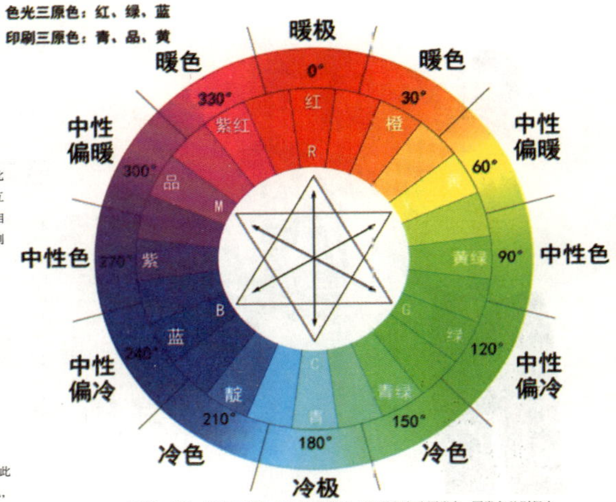

类似色：以某一颜色为基准，与此色相隔 15° 以内的颜色为同类色，同类色差别很小，常给人单纯、统一、稳定的感受。可以通过明暗层次体现画面的立体感，使其呈现出更加分明的画面效果。可点缀少量对比色，使画面具有亮点。

无彩色：黑色，能够传递出简洁有力的视觉印象；
白色，呈现明快感和扩张感，能给人视觉上的舒适感；
灰色，是彻底的中性色，是一种可靠、灵活的无彩色，具有安全感和亲切感。

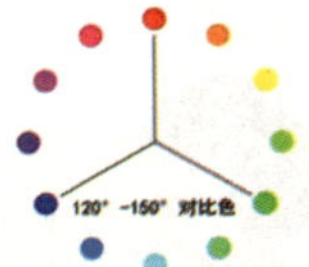

对比色：以某一颜色为基准，与此色相隔120° -150° 的任一两色互为对比色，对比色相搭配是色相的强对比，其效果鲜明，饱满，容易给人带来兴奋、激动的快感。作品中常以高纯度的对比色配色来表现随意、跳跃、强烈的主题，以起到吸引人们目光的作用。

类似色：以某一颜色为基准，与此色相隔 30° 的颜色为类似色，类似色比同类色效果搭配效果更加明显、丰富，可保持画面的统一与协调感，呈现柔和质感。由于搭配效果相对较平淡和单调，可通过色彩明度和纯度的对比，达到强化色彩的目的

服饰的色彩与搭配

色彩的分类与感觉

世上的颜色五彩缤纷，令人眼花缭乱。但总体上可以分为“无彩色系”和“有彩色系”两大类。黑、白、灰色属“无彩色系”，赤、橙、黄、绿、青、蓝、紫属“有彩色系”。有彩色系有三个要素：色相、纯度、明度。色相，指色彩的冷、暖属相；纯度，指色彩的纯净程度；明度，指色彩的明亮度。如果按照色相来划分，红、橙、黄属于暖色调，给

人热情、奔放的感觉，有热感、兴奋感、膨胀感。青、蓝、紫、黑属于冷色调，给人忧郁、凝重的感觉，有冷感、沉静感、收缩感。而白、灰、银等色属于中性色调，有明快、纯洁之感。

（暖色系）红色——热情、喜庆、吉祥

橙色——兴奋、活泼、富丽

黄色——光明、愉快、权威

（冷色系）绿色——自然、和平、青春

蓝色——开朗、深远、梦幻

紫色——高贵、典雅、端庄

黑色——庄重、肃穆、神秘

（中性色）白色——纯洁、神圣、明快

灰色——平易、大方、朴实

服饰色彩的搭配

一是主色调搭配：以一种色系定基调，选择主色，再配以其他辅助色。首先确定整体服装的基调，是暖色系、冷色系还是中性色系；然后选择与基调相一致的主色；最后确定与主色相配的辅助色。主色调搭配的关键是，主色在整体服饰中所占的比例最大、最明显、最突出，而辅色应与主色调相协调。例如，我们参加欢庆活动，基调是暖色系，主色选红色的话，可分别以白、黄、蓝、黑等辅色来配。

二是同色系搭配：暖色系配暖色系，如黄色与红色相配、黄色与橙色相配等。冷色系配冷色系，如灰色与黑色相配、紫色与黑色相配等。中性色系配中性色系，如白色与黑色相配、黑色与灰色相配等等。

三是同色深浅搭配：色彩相同，只是明度有变化的色调相互搭配。这种搭配由于协调统一，搭配的服装显得柔和，往往给人以端庄、优雅、稳重、有品位的感觉。正因此，在一些强调礼仪的场合运用得最多。这种搭配比较适合我们老年朋友借鉴。要强调的是色与色的明度差异不宜太大，以免反差过于明显。一般墨绿配浅绿、深蓝配浅蓝、深红配浅红、咖啡配米色等运用较为普遍。

服饰的穿着礼仪

便服的穿着礼仪

便服是我们日常穿着的服装，也是穿着最随意、最舒服的休闲服装。便服一般在非正式场合穿用，以轻便、自在、随意为主。便服的样式丰富，多姿多彩，简洁、自由、宽松，穿着的场合范围极为广泛。便服穿着的总原则是——随意。通常比较流行的便服有：T恤衫、羊毛衫、外套、夹克衫、蝙蝠衫、牛仔衣裤、连衣裙等。便服的搭配无严格规定，以比较随意、简单、轻松为主。与便服搭配的鞋子也比较随意自由，可以是平跟鞋、球鞋、旅游鞋、运动鞋、休闲鞋等等。

礼服、西装、旗袍的穿着礼仪

礼服是在非常正规、隆重、庄严的场合穿用的。礼服大致分为中式男礼服（如中山装）、西式男礼服（如西装）、中式女礼服（如旗袍）、西式女礼服（如套装）。西式男女礼服都各有三种类型：常礼服、晚礼服、大礼服。一般白天参加较正式、较隆重的活动穿常礼服，男士着端庄潇洒西服，女士着质地、色泽一致的衣裙套装。晚间参加宴会、音乐会等则穿晚礼服。女士的晚礼服一般是体现柔美、雅致、和谐的单色连衣长裙，但裙长以不拖地为宜。大礼服适合极其热烈而隆重的场合，如颁发特别奖项的大型活动（诺贝尔奖、奥斯卡奖、金鸡奖、百花奖等）或大型舞会等，男士要穿类似燕尾服这样的大礼服，女士要穿时尚、新潮、浪漫一些的拖地或不拖地的连衣裙式服装。

1. 西装穿着规则　西装曾是流行于欧美国家的传统服饰，随着社会的发展，随着东西方文化的交流与融合，西装已成为国际化的时装，西装穿着讲究规则。

第一，穿西装时，衬衫的每一颗纽扣都要扣好，特别是领扣和袖扣要先扣好。如不准备打领带，则衬衣的第一颗纽扣可不扣。

第二，单排扣的西装，扣子可扣也可以不扣，或仅扣风度扣（外上装的第一颗纽扣）；双排扣的西装应全部扣好纽扣，或仅最下面的一颗纽扣不扣。

第三，领带是西装的灵魂，凡参加正式交际活动，穿西装必打领带，体现对活动的重视和对对方的尊重。领带的长度以与腰间的皮带扣平齐为宜。领带夹起固定领带的作用，一般夹在五粒扣衬衣的第三和第四颗纽扣之间，或夹在七粒扣衬衣的第四和第五颗纽扣之间。

第四，穿西装要与皮鞋相配，而不能与旅游鞋、球鞋、休闲鞋、凉鞋、布鞋等相配。袜子的颜色要与皮鞋的颜色相配，穿黑色皮鞋忌穿白色的袜子。穿白色的西装配白色的皮鞋。

第五，穿西装讲究穿着程序：梳理头发——更换衬衣——更换西裤——穿皮鞋——打领带——穿上装——照镜子。

2. 西服套裙穿着礼仪 对女士而言，“裙装是服装的王后”，西服套裙是女士出入正式场合的首选，可塑造出大方、庄重、优雅的良好形象。着西服套裙也有很多讲究。

第一，西服套裙分同色配套和不同色的两种。同色配套上装和套裙同色、同料、同质；不同色一般以上浅下深为宜。

第二，西服套裙的上装如果是单排扣的，扣子可扣也可不扣；双排扣的，就要扣好每一颗纽扣，包括上装内侧的纽扣都要扣好。

第三，在正式场合，女士穿西服套裙切忌过短、过露、过透，以免显得轻浮，欠庄重。

第四，衬衫的颜色可以是多种多样的，但要与套装相配，白色、黄白色、米色与大多数套装都能搭配。衬衫一定要保持清洁、平整。

第五，西服套裙一般配长筒丝袜或连裤袜，颜色以肉色、黑色、咖啡色常见。西服套裙也要与皮鞋相配，不能与旅游鞋、球鞋、运动鞋、布鞋等相配。

3. 旗袍穿着礼仪 旗袍是中国的传统服装，最能体现东方女性的温柔婉约之美、古典风韵之美。随着时代的变迁，经过不断改进更新，发展至今，旗袍已成为中国女性独具民族特色的“国服”，穿旗袍需遵守礼仪规范。

第一，旗袍一般以贴身、合体、突出线条美为特点。

第二，旗袍的面料、花色的选择应与着装的场合相协调，款式相同的旗袍，只因面料不同而会展现出截然不同的风格。例如，普通棉布做出的旗袍展现出朴素、文雅，真丝织锦绸缎做出的旗袍展现出高贵、雍容、华丽。

第三，穿旗袍一般以配穿肉色的长筒丝袜或连裤袜为宜。为防止静电相吸，避免旗袍下摆贴附在丝袜上，破坏了旗袍端庄优雅的美感，可在丝袜与旗袍之间涂抹润肤露或护手霜，能起到一定预防作用。

第四，穿旗袍要配以高跟、半高跟皮鞋或精致美观、时尚的绣花布鞋。鞋的颜色，要尽量选择和旗袍颜色相近的，以显协调。如果您穿的是红色的旗袍，选红色高跟鞋相配是比较明智的，会衬托出您的优雅高贵。

第五，旗袍本身就是礼仪服装，着装者应表现出较高的礼仪素养。如果身着旗袍，却满嘴污言秽语，随地吐痰、大声喧哗、举止粗俗，那将是一幅怎样的尴尬难堪、丢人现眼的画面啊！

当我们穿上极富中华民族特色的旗袍时，就要由内而外地穿出高雅、庄重的风度。既展现中华民族的尊严和自豪感，也体现出中国女性的柔美、妩媚、楚楚动人，高贵、文静、落落大方。

第三章 仪态——好姿态好精神

面必净，发必理，衣必整，钮必结。
头容正，肩容平，胸容宽，背容直。
气象：勿傲、勿暴、勿怠。
颜色：宜和、宜静、宜庄。

——南开中学四十字容止箴言

（注：南开中学第一任校长张伯苓先生倡导）

挺胸收腹风采依旧

当你走在繁华的大街上，常常会看到这般景象：年轻人昂首挺胸、健步如飞；老年人弯腰驼背，步履维艰。对这种景象人们已司空见惯、习以为常。老年人自己也认同年纪大了，弯腰驼背很正常。其实，年龄增大并不意味着一定驼背、弓腰，这种状态并不是属于老年人的“专利”，老年人也要昂首挺胸。良好的姿势不但能延缓衰老，还能展现饱满的精神状态，增强自信。

挺胸收腹

从青年、中年到老年是完全可以一直昂首挺胸的，仔细观察我们身边那些年过古稀的老人、精神矍铄的耄耋长者，身板挺直，腰不弯背不驼的并不少见。

我们应改变“人老了自然弯腰驼背”的世俗偏见形成的心理暗示。这种心理暗示导致老人出现“未老先衰”“不驼也弯”“迈步缓慢”等从众行为。

有的老年朋友可能会为自己已经驼背了而感到无奈、自卑。其实，老年人驼背绝大部分并非疾病所致，凡脊柱和肩背骨骼无损伤者，均可选用下列四种方法对驼背加以纠正和改善。

1. 坐在靠背椅上，双手抓住座椅背后的两侧，昂首挺胸，每次坚持 10 ~ 15 分钟，每日做 3 ~ 4 次。

2. 背对墙，距墙约 30 厘米，两脚分开与肩同宽，两臂上举并后伸，同时仰头，手触墙面再还原，反复做 10 次，每日做 2 ~ 3 遍。

3. 仰卧床上，在驼背凸出部位垫上 6 ~ 10 厘米厚的垫子，全身放松，两臂伸直，手掌朝上，两肩后张，保持仰卧 5 分钟以上，每日做 2 ~ 3 次。

4. 坐或站立，双手横持棍棒或长毛巾，放在肩背部，挺胸抬头，感到肩背部肌肉酸胀即停，每日早晚各做 1 次。

风采依旧

有一位名叫“风采依旧”的博主曾撰文《时装表演使我青春常驻》，其中有一段这样的描述：“抬头、挺胸、收腹、跨步、转身、扭胯、平视、微笑，踏着优雅的时装步款款而行。那神情，那气质，真比年轻人还年轻。”她感叹：“不是黄昏景，分明第二春，莫道桑榆晚，潇洒不嫌迟。我感受到老年人应该活出自己的自信与风采……让我们秀出自己的美，展示自己的风采。”她的感受道出了现代老年朋友共同的心声。

老年人抬头挺胸好处多：

1. 维持人体平衡，防止摔跤，减少弯腰、驼背造成的脊柱负荷。

2. 有利于增加肺活量，身体各部位获得的氧气相应增加，人不易感到疲劳，丰富的血液顺利输送到大脑，使思维更敏捷，增强记忆力，预防认知障碍症。

3. 有利于维护人体正常生理曲线，预防脊椎关节错位、椎间盘突出等。

4. 抬头挺胸，让人显得更年轻，让老人保持开朗乐观的心态。

当您抬起头，挺起胸，收腹部，您就会有“风采依旧”的感觉，顿时更加自信！

姿态规范优雅稳重

优雅的站姿

站姿应端正、稳重、自然、优雅。上身要保持正直，面带微笑，微收下颌，挺胸收腹，两臂自然下垂，两脚靠拢，脚尖呈“V”字形，或两脚稍稍分开，不超过肩宽。在公共场合，在举行各种仪式中都应讲究站立的姿态。

男士：要做到“三平三直”，即头平、肩平、眼平；背直、腿直、腰直；特别要注意挺胸收腹。两脚跟并拢，脚尖打开大约60°，身体要有向上直立的挺拔感。

女士：也要做到“三平三直”，挺胸收腹。另外，两脚跟并拢，脚尖打开大约30°，或站成“丁字步”，即左脚与右脚呈丁字状，这种站姿显得优雅、美观。

双肩后开，双手自然下垂放于两侧；或两手相握，右手在外，握住左手背四指，置放于腹部并稍向上提。

良好的站姿不仅使姿态优美，而且有利于身体健康，并使人显得年轻、有朝气。多年前见报载，一位74岁的外国老太太，帕特·诺利斯看起来要比实际年龄要年轻30岁。帕特·诺利斯在20世纪70年代开创了"诺利斯直体术"。直体术的基本训练方法是：两脚平行，间距30厘米，挺胸收腹，收紧膝部和臀部，双肩尽量往后下方压，下腭抬起。相当奇妙的是，这样训练不久，人就会改变体形。正确的站姿和直体术的要点基本相似，这种站姿对于整体负重、刺激循环系统和身体健康都是极为关键的。帕特·诺利斯指出："如果站立时，你的身体处于一条直线，那你就能感觉到放松。"

优雅的坐姿

标准的坐姿应该是：上身正直，稍向前倾，头与肩保持平正，两臂贴身下垂。

坐姿要注意轻、直、平：

轻——落座起身要轻；

直——上身正直；

平——头、肩保持平正。

男士：双手可半握拳自然地放在大腿上，两腿可以适当分开，但不超过肩宽。上身要保持正直，头、肩要平正。

女士：双手可相握自然地放在大腿上，双腿并拢，可侧向一边。双腿也可一前一后叠放在一起，女士绝不可叉开双腿而坐，那是极不雅观的。女士如果穿裙装，坐下时首先要用双手将身后的裙子拢一拢，使裙子平整一些再坐下，以免不雅。

入座、起座都应轻缓、从容，不宜过急、过猛。入座后，除了依然要保持挺胸收腹外，还要注意面带微笑，衬托坐姿的优雅。

优雅的走姿

老年人走路抬头挺胸、精神焕发，不仅显得年轻，而且有益于身体。走姿应注意上身挺直，双臂自然摆动，迈步均匀有力，脚底着地要实。对于行走困难的长者可借助拐杖。

标准的走姿是挺胸收腹、腰背要直，两眼平视前方，两臂前后自然摆动，手掌朝向体内。脚尖伸出去的方向要正。行走要平稳，步子匀称，走出节奏感。

男士：行走的步伐要显得坚定、稳重，保持后背平正，要透出刚毅、稳健，走出男子汉的阳刚之气。

女士：行走的步伐应显得轻盈、优雅、大方。行走不宜走小碎步，也不宜步幅过大，切忌扭捏作态或身体死板僵直。走姿要文静、轻巧，富有节奏感和现代气息，走出女子的柔雅之美。

良好的走姿能起到健美的作用。曾两度荣获奥斯卡最佳女演员奖的美国著名好莱坞影星简·方达，非常注重研究形体健美。她的健美形体曾一度成为人们羡慕和效仿的标准。她以自己的亲身体验和心得总结，撰写了《简·方达健美操》一书，这本书一经面世就备受推崇，曾风靡世界。她在日常生活中勤加锻炼，始终保持了健美的形体。她有一套走路健美法，对形体健美颇为有效。

其方法是：第一，活泼轻快地走。理想的步速是 6.9 ~ 8 千米 / 小时，即 120 米左右 / 分钟。第二，重心向前倾。走路时，脚掌的用力方向应是向后蹬，双脚要尽量向前伸直。第三，步幅适当，可以加快速度，并使步子富有节奏感，使腿和臂部处于充分活动状态。第四，提高重心。走路时，要挺胸收腹，背要直，头要抬。第五，两手臂的摆动要自然有力。甩臂要向吊钟的钟摆一样，但始终要保持轻松自如。

简·方达走路健美法为我们老年朋友提供了参考和借鉴，我们还要结合自己的实际情况，经常学习、把握和训练，走出自己的健康和优雅。

优雅的蹲姿

蹲姿是常见的但往往又是最容易被忽略的姿势。我们平时走累了，站累了，会蹲下休息一会儿；东西掉了，蹲下捡起来；鞋带松了，蹲下系好；有时照相，第一排的人需要蹲下；还有部分地区的人习惯蹲着吃饭、蹲着交谈等。

蹲姿如果不注意讲究正确的姿势，出现低头、弯腰、翘腚、撅臀等姿态，就很不雅观。

正确的蹲姿

1. 交叉式蹲姿　当要下蹲时，右脚向前一步，左脚在后，右小腿垂直于地面，全脚着地。左腿在后与右腿交叉重叠，左膝由后面伸

向右侧，左脚跟抬起脚掌着地。两腿前后靠紧，合力支撑身体。臀部向下，上身稍前倾。（注：这种蹲姿较适合年纪轻一点的女士）

2. 高低式蹲姿　当要下蹲时，左脚向前一步，右脚在后，两腿靠紧向下蹲。左脚全脚着地，小腿基本垂直于地面，右脚脚掌着地，脚跟提起。右膝低于左膝，左膝内侧靠于左小腿内侧，形成左膝高右膝低的姿势，臀部向下，主要靠右腿支撑身体。

以上两种蹲姿都要注意下蹲时，屈膝，臀部向下，上身基本直立，稍向前倾，不要低头弓背，身体重心要始终保持平稳。

举止大方温文尔雅

举止大方

举止大方，是指我们平时举手投足、一举一动都要透出不俗气、不扭捏、不做作。我们的行为动作不拘谨、不刻板、不缩手缩脚，要堂堂正正、落落大方。在公共场合与人交往，一定要注重举止礼仪。举止往往反映出一个人从小养成的行为习惯。举手投足之间，一个不经意的习惯动作就可看出行为者的礼仪素养。

举止礼仪中的禁忌

在公共场合举止礼仪有许多禁忌，应引起我们高度重视。犯忌讳不仅有失自己的形象，有时甚至有失国家的形象。

1. 举止恭敬忌过分　见到师长、领导、上级、外宾等应表示尊重、恭敬，但忌过分。不要做出过分的举动，例如，点头哈腰、低三下四、卑躬屈膝、唯唯诺诺，这样做显得不真诚、不自然，况且也不会赢得对方的好感。应以热情诚恳、不卑不亢，大方沉稳、有礼有节，恰当得体的举止来接待或面对。

2. 众人面前忌化妆　化妆不宜在公共场合当着众人的面，如果是喝茶、进餐后需要补妆，最好到化妆室或盥洗间去。

梳理头发、整理衣服、挂戴首饰、系扎丝巾、刮胡子、照镜子等行为，一般也不当众进行，而是到私人空间或相对避讳一点的地方。

3. 行为举止忌粗俗　在公众场合最令人反感的是粗俗的举止。例如当众擤鼻涕、扣鼻孔、掏耳朵；当众打哈欠、吐痰；面对他人或面对餐桌剔牙齿、咳嗽、打喷嚏；当众脱鞋、袜；果皮纸屑随地乱丢；不守秩序、随便插队等。

4. 境外出游忌陋习　随着国家的日益开放，我国出境游的人也与日俱增，特别是中老年人出游人数成倍增长。这本是一件好事情，但由于在出游过程中，某些不注重礼仪的人，把国人的一些陋习带到了国外，既损害了个人形象，也严重损害了我们国家的形象。这已引起了我国政府、有关部门和全社会的关注。

这些陋习中最为严重的是：随地吐痰、乱扔垃圾、随便抽烟、大声喧哗、不遵守秩序、不排队、嘈杂拥挤、在景点乱刻乱画等行为举止。

温文尔雅

“温文”指一个人态度温和、有礼貌；“尔雅”指行为端正、举止文雅。温文尔雅一词用来形容态度温和、文质彬彬、有礼貌，举止文明优雅之人。我们敬爱的周恩来总理，任何时候总是衣着整洁、风度翩翩、温文尔雅、落落大方。国礼大师范智先生曾用精辟的语言总结了周恩来的言行举止，充分展示了大国总理风范：

开口言之有理，
投足行之有礼，
平时知书达理，
遇事通情达理，
待人彬彬有礼，
交友处处是礼，
不会蛮横无理。

周恩来总理作为我们新中国第一任总理，他卓越非凡、优秀杰出的外交礼仪修养为全世界所倾倒。美国前总统尼克松高度赞赏、敬重周恩来总理，曾这样评价说："周恩来的敏捷机智大大超过了我能知道的其他任何一位世界领袖。""他优雅的举止，直率而从容的姿态，都显示出巨大的魅力和泰然自若的风度。"

周恩来总理是世界的礼仪典范，是值得我们用一生去学习的楷模！

第四章 微笑——好习惯好心情

人类确有一件有效的武器，那就是微笑。

——马克·吐温

女人出门若忘了化妆，最好的补救方法便是亮出你的微笑。

——辛迪·克劳馥

微笑就是阳光，它能消除人们脸上的冬色。

——雨果

微笑是国际化的语言

在世界纷繁众多的节日中，有一个“世界微笑日”节！这是我们人类独一无二的庆祝人类行为表情的节日。1948 年，国际红十字会将该会创始人亨利·杜南的生日——5 月 8 日定为世界红十字日，世界精神卫生组织把这天订立为“世界微笑日”。从此，每年的 5 月 8 日这一天变得温馨起来。微笑已成为世界通用的语言。“世界微笑日”提醒人们：请把脚步放缓，静观身边美好的事物，舒缓脸庞、打开眉宇、放松心情，让微笑在脸上尽情绽放，让世界各族人民共同感受温暖人心的微笑！让冰霜雪雨在微笑中消融，让快乐与友善在人与人之间不断传递。

微笑是人类最美的表情

有一位企业家，对微笑感悟深刻，他说："世界上有一种常开不败的花，那就是微笑之花，它不分四季，不论南北，只要有人群的地方就有它的身影，越是高洁的心灵，就越能召唤出圣洁的微笑之花。"

微笑是人类最美的表情，是我们每个人的本能，不需要后天的刻意学习。一个人再富有，也不会富有到不需要别人的微笑；一个人再贫穷，也不会穷到给不了别人一个真诚的微笑。

微笑是人类最好的心态、最美的表情、最善的语言。微笑，以其独有的温馨和魅力，为我们生活的这个世界增添了无限温暖和快乐。

微笑是人人都能理解的语言

对微笑有很多赞美之词：微笑是通向五大洲的护照；微笑是一份永恒的介绍信；微笑是拨动顾客心弦最美好的语言；微笑是国际化的语言。微笑是人类都能接受和理解的特殊语言——表情语言。

众所周知，美国希尔顿大酒店享誉世界，但创办初期，希尔顿先生的事业并不顺利。在他感到苦恼时，母亲曾对他说："孩子，你要成功，必须找到一种方法，符合以下几个条件。第一要简单；第二要容易做；第三要不花本钱；第四要能长期使用。"这究竟是什么方法呢？希尔顿问母亲，母亲笑而不答。希尔顿反复琢磨、思考，最后终于悟出：是微笑，只有微笑才符合这四个条件。希尔顿深有体会地说："人不会笑莫开店。"后来他果然用微笑这把金钥匙打开了成功之门，建立了誉满全球的大酒店。现在希尔顿是一个在全世界 90 多个国家和地区运营着 3 900 多家酒店的全球性公司。

希尔顿要求每位员工不论如何辛苦，都要对顾客报以微笑。他强调：万万不要把我们的愁云摆在脸上，希尔顿旅馆服务员脸上的微笑永远是属于旅客的阳光。希尔顿就是用国际化的语言——微笑，为世界各国的旅客提供了最优质的服务和最独到的体验，也因此，希尔顿当之无愧地成了市场上最大的赢家。

希尔顿全球大中华及蒙古区的高级营运副总裁麦金信先生颇具代表性，这位绅士脸上始终带着和蔼的微笑，一丝不苟的精致装束、温文尔雅的举止，处处都彰显着这位资深酒店人极高的礼仪素养。

微笑是自信是快乐

著名作家冰心曾说：“对我来说，保持健康的方法，不是讲营养，吃补药，而是一句话，在微笑中写作。”——微笑是情绪、态度、意志力的表达，微笑是自信是快乐，也是最好的修炼和养生。微笑是有自信心的表现，是对自己的魅力、能力、精神等抱积极的和肯定的态度。微笑是一个人良好心境的表现，说明心底平和，心情愉快。微笑既可愉悦自己，又可以感染别人，营造快乐和谐的气氛，沟通人们的心灵，给人以美好、温馨的感受。老年人生活中离不开微笑，在社交活动和旅游活动中更需要微笑的陪伴。

美国爱达荷州有一个被称为《微笑之都》的城市——波卡特洛市。该市1948年曾通过了一项法令，该法令规定市内全体市民在面对他人时，不得愁眉苦脸或拉长面孔，违者将被送到“欢容检查站”去学习微笑，直到学会微笑为止才可离开。该市这条法令一直保持到现在，波卡特洛市每年都举办一次“微笑节”。经历了半个多世纪，“微笑法令”早已在波卡特洛市市民心中扎根，微笑已经成了当地的典型标志。现在，波卡特洛市居民们的幸福和快乐指数，在全美国是位居前列的。市民们乐观的生活态度，竟然让当地居民的健康状况也远远好于其他地区。无论开心与否，用笑容来面对，已成了波卡特洛市居民们的习惯。

学会微笑传递友善

国际奥林匹克委员会主席托马斯·巴赫在开幕式上致辞并与运动员代表掏出手机，完成了一项创纪录的自拍照

2014年8月16日在南京举办的第二届夏季青年奥林匹克运动会开幕式上，奥委会主席巴赫在致辞仪式上发起手机自拍，笑容可掬的年过花甲的巴赫引领大家拿出手机自拍，将微笑定格，用微笑表达与全世界人民建立友谊的愿望。国际奥委会主席巴赫带领全场观众玩起了手机拍照，一下子就让严肃的发言充满了青春活泼的气息，引得大家纷纷点赞。

更令人没有想到的是，在8月28日青奥会闭幕式讲话环节中，国际奥委会主席巴赫再次号召现场观众拿出智能手机，为相邻的观众拍摄照片，并发送出去。巴赫提议："我再次请体育场内的各位拿出你们的智能手机，这次不是为了拍自拍照，本着奥林匹克精神，请向坐在你旁边的人问好并表示感谢，给他们拍一张照片，然后把这张象征友谊的照片加上'NanJing2014'标签发送出去，与全世界人民一起分享。"在无比欢乐的气氛中，场内观众把邻座朋友最美的微笑瞬间定格，并迅速发送传播，让一张张美丽的、传递友善的笑脸插上了天使的翅膀飞向五大洲四大洋，飞向世界各地。那热烈的气氛、感人的场面，至今仍让世人久久难以忘怀。

生活中需要微笑

生活中微笑是人人都需要的！无论男女老少、也无论穷人富人。微笑对我们来说，如同生活中的阳光、空气、水一样不可或缺。

著名诗人牛均富先生曾在一次湖北省礼仪学会的年会上，富有激情地朗诵了一首他创作的诗——《微笑》，感动了所有的与会者。

微　笑

——牛均富

在这个世界上，
我们多么需要微笑，
需要明丽亲切的目光，
需要舒展开朗的脸庞，
需要从心底里传出的，

那种真挚的问候和歌唱！
微笑是温馨的鸟，
优美地飞翔着，
它彩色的羽翼，
只要轻轻地抚慰我们一下，
我们就有一种感动和力量！

微笑是祥和的云，
它用缤纷的情调，
撒一片芳霖花雨，
滋润着我们的心房。

微笑是三月的风，
悠悠地荡漾着，
它轻轻地一个回眸，
就泛起了我们心中闪光的涟漪。

微笑是世上最美的语言，
微笑是鲜花绽放的形象，
微笑是小溪里潺潺的柔波，
微笑是最有诗意的一抹暖阳。

微笑是魅力四射的神韵，
微笑是属于你我的自然和大方，

微笑是永不消失的绚烂色彩，

微笑让我们的每一个日子都变得鲜亮芬芳！

牛均富先生对微笑的阐释深刻而浪漫、贴切而感人，足以让我们老年人对微笑有更新的、更真切的、更深层次的理解。真心希望我们老年人每天都能面带微笑，让我们在人生最后阶段的每一个日子都变得鲜亮芬芳！

微笑传递友善

在以“绅士国度”著称的英国，人人都会微笑。在英国似乎有一个不成文的规定，人际交往中，不论相识与否，只要是目光相遇，双方都要立刻展露出笑容。这让很多外国人，特别是中国人感受到了英国人的友善和温暖。虽身在异国他乡，却没有被忽略、冷落、轻视之感，微笑随时随地传递着友善。

多年前赴英国探亲，在近半年的时间里近距离观察、接触、了解具有绅士风度的英国人，对英国人的微笑记忆犹新，在此，希望与老年朋友共同分享我的回忆与感悟。

英国，一个充满微笑的国度。

英国人喜欢微笑，在公众场合，不论相识还是不相识，不论肤色、国籍是否相同，只要迎面相遇、目光相对，送来的必然是微笑。清晨，当我向海边走去时，沿途遇到的陌生人都会面带微笑主动与你打招呼说一声“Hello！”或“Good morning！”微笑待人已成为英国人的习惯，男女老少都善于微笑。一次我走在繁华的街道上，见一位老人拄着双拐艰难地行走，走走停停，看着他低头走路的神态，可以感受到他的痛苦。可当我走近他，无意中与他的目光相遇时，他马上展露出他的微笑。那一刻我突然意识到，他不愿把个人的痛苦转移给别人，痛苦该自己默默承受，他要传递给他人的是微笑和快乐。面对这位老人，我被深深地打动了。这是一位多么值得尊重和敬佩的可爱的老人啊！

一天我从海边一家私人住宅旁经过，看见一位大约 40 岁左右的先生正在维修自家的围墙。（英国住宅的围墙大都很低矮，一般不超过一米，有的不过四五十厘米高）。当我走近他时，正好他起身看到了我，我正继续往前走，忽听传来他的招呼声 "Hello！ " 原以为他和别人打招呼，但前后左右一看均不见人影，这才知道是和我打招呼。看着他一脸的微笑，我慌忙回应了一句“Hello！”相比之下，他主动热情，而我却显得十分被动。在英国的商店、医院、邮局、公园所见到的营业员、医生护士、管理人员，对顾客、病人、游客都是笑脸相迎，使你感到非常亲切、温馨。收银员在收顾客交付款时必定会反复向顾客说：“Thank you！ Thank you very much！”（谢谢！非常感谢！），脸上带着微笑。使你在付钱买东西时，也买来好心情。医生护士查房时会向每一位病人微笑打招呼，下班时，又向每一位病人说：“Bye-bye！”“See you tomorrow！”（明天见！）。英国，一个充满微笑的国度，他们真正领悟到了：微笑是人际交往的润滑剂；微笑是拨动人们心弦的最美好的语言；微笑是向对方传递友善、亲和的信息；微笑是热爱生活的真情流露。

微笑的训练

在日本有一位被誉为“推销之神”的原一平，总结他取得成功的秘诀，其中最重要的一项就是善于微笑。他的笑被认为是价值百万美金的笑容，因为他的年薪就是 100 万美金。原一平以自己 50 年的工作生活经验，总结了“笑”的十大好处：

1. 笑能消除自卑感。
2. 笑能使你的外表更迷人。
3. 笑能把你的友善与关怀有效地传递给准客户。
4. 你的笑能感染对方，让对方也笑，营造和谐的交谈氛围。
5. 笑能建立准客户对你的信赖感。
6. 笑能拆除你与准客户之间的“篱笆”，敞开双方的心扉。

7. 笑可以消除双方的戒心与不安，从而打破僵局。

8. 笑能祛除自己的哀伤，迅速重建自信心。

9. 笑是表达爱意的捷径。

10. 笑会增进活力，有益健康。

微笑就是无声的行动，是传递给客户最温暖、最具有亲和力的一张名片。

微笑是可以通过训练，达到最美、最理想的境界。原一平就常常面对镜子练习笑，他甚至不分昼夜勤加练习，经过长期苦练，他的笑已达到炉火纯青的地步。每次练习笑，他都要调整心态，忘掉烦恼，唱歌或听音乐，面对镜子，反复练习寻找自己最满意的微笑。

微笑的四要四不要

四要	四不要
要真诚、发自内心的笑	不要虚假强装的笑
要神情结合，透出气质	不要露出笑容，随即收起
要声情并茂，相辅相成	不要受情绪左右
要与仪表仪态美相协调	不要把笑只留给家人、亲友、领导等少数人

微笑训练：对着镜子反复练习——

第一步，放松肌肉：要放松脸部、嘴唇的肌肉，然后练唱“1——2——3”（哆来咪）一个音节一个音节拉长音练习。特别是练“咪——”时，更要拉长音练习，并观察嘴角的变化和逐渐呈现笑脸的变化。

第二步，定位微笑：在发“咪”音时，寻找和发现最适合自己的微笑，为自己最满意、最美的微笑定位。

第三步，保持微笑：找到自己最满意的微笑后，就保持住，保持的时间越长越好。这个环节希望达到良性循环，即保持自己最满意的微笑，越看越美、越看越高兴，由被动的练习“笑”转为发自内心的高兴的“笑”。

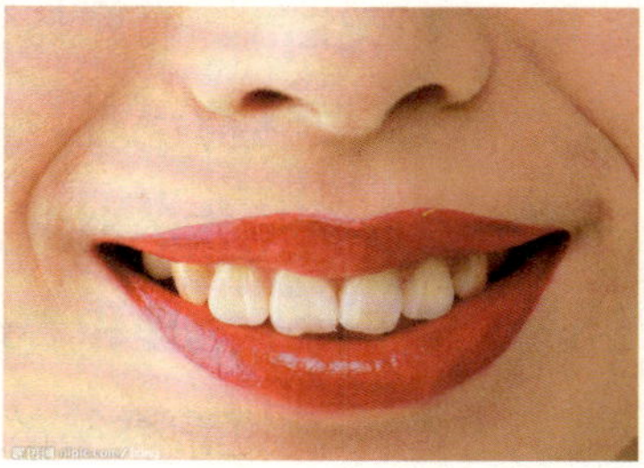

第四步，修饰微笑：在微笑时用挑剔的眼光去发现问题，例如，嘴角上扬时两边是否一致？是否牙龈露出太多？微笑是否紧张？是否不够自然？不断调整、修饰自己的笑容，以达到最佳状态。

第五步，反复认真练习后，把最美的微笑保持住，转身背对镜子10秒钟，再转身面对镜子，如果微笑依然能保持不变，能感动自己，训练的目的就达到了。

让微笑成为习惯

微笑与健康

微笑与身心健康密切相关。人只有微笑面对生活，才会拥有健康，才会拥有快乐。微笑生活，需要有一个健康的心理。我们要经常保持情绪稳定、乐观豁达，要尽量避免发怒、生气、疑虑、忧郁、沮丧、情绪不稳、烦躁焦虑、焦躁不安等不良情绪的产生，以防止中枢神经和植物神经的调节机能发生紊乱。医学研究表明，微笑可以缓解紧张、消除郁闷、促进体内各系统良性循环，改善免疫系统功能。轻松而发自肺腑的微笑，可使肺气布散全身，使面部、胸部及四肢肌群得到充分放松，排出毒气。保健专家认为，笑是一种类似于在原地跑步的良好锻炼方法。笑能牵动人们脸上约13块“笑”肌，能使长期被闲置的大脑右半球因受到刺激而得到开发和利用。

微笑是心理健康的一个重要标志。经常面带微笑的人，大多是那些心情愉悦且有安全感的人；是那些乐善好施、热心帮助别人的人；是那些乐于分担他人忧伤，减轻他人痛苦的人；是那些善于管控情绪，不随意发怒生气，而愿与他人共享快乐的人。老年人要学会管控自己的情绪，人要活得优雅，关键在于能控制自己的情绪。

人在心情愉悦的时候，喜欢微笑，微笑面对生活，会使人更加积极乐观，有利于生理和心理的健康。微笑至少有六大好处：

1. 减压　经常微笑的人，压力减轻得更快。

2. 增强身体免疫力　微笑能缓解疲劳、降血压，还能减轻其对大脑海马区（主管记忆）神经元的损伤，增强记忆力。

3. 延长寿命　美国韦恩州立大学研究发现，爱笑的人平均年龄是79.9岁，比美国人均寿命多两岁，而不爱笑的人平均寿命只有72.9岁。这是因为，爱笑的人更容易建立起积极的人际关系，促使身心和谐。

4. 拉近人际关系　美国心理学家研究发现，笑是社交中一个强有力的武器，能帮我们迅速与他人打成一片。

5. 婚姻幸福美满　美国心理学家研究发现，不爱笑的女性，离婚率比爱笑者高5倍。他解释说，满脸笑容的人生活满意度更高，心态更积极，能吸引到与自己一样快乐的伴侣。

6. 人生更易成功　美国加州大学伯克利分校心理学教授达彻•凯尔特纳分析了一些人的毕业照，发现面带微笑的人更可能在毕业30年后享受无忧无虑的生活。

温馨提示 微笑是我们生活和生命的重要组成部分，对人体的健康至关重要。据医学研究发现：笑，在防治心血管疾病中发挥着积极而有效的作用。笑，可以刺激大脑释放内啡肽（亦称安多芬或脑内啡），使免疫系统实力得以强化，可以帮助人保持年轻快乐的状态。可以激活血管内皮上的受体，继而又能促使一氧化氮的释放，一氧化氮具有扩张血管、减少炎症等作用。医学研究还发现：笑，越是发自内心，且时间越长，对于血管的正面因素就越多、越持久。当一个人开心微笑的时候，积极良好的情绪就可以调动体内的免疫系统，有利于对抗疾病。

让微笑成为习惯

微笑作为一种表情，不仅是形象的外在表现，也是人内在精神的反映。微笑体现出一个人、一个民族良好的素质修养。国外许多城市在塑造城市形象时，十分注重市民的微笑。如之前提到的被誉为绅士国度的英国、以“微笑之都”为荣耀的美国波卡特洛市等，都已经让微笑成为市民的习惯，无论认识与否，只要双方目光相遇，都立即展露出笑容。这一不成文的规定，引导着市民们以微笑传递友善。

清华大学多年前就大力倡导“让志愿与微笑成为青年学生的习惯！” 2010 年 11 月中国大学生志愿公益论坛在清华大学隆重举行。论坛的主题就是：让志愿与微笑成为青年学生的习惯。清华大学党委副书记史宗恺在论坛上就这一主题发表了热情洋溢的演说。他指出：“高校的育人工作，应当进一步加强对青年学子志愿精神的塑造和培养……引导青年人树立‘公民’意识，用热情的微笑和周全的礼仪传递国人的自尊自信。在志愿氛围中成长起来的青年，应该能够更加清晰地意识并担当起自身作为大国公民的责任，通过服务回馈社会，引领良好的社会风尚，让我们的社会处处闪耀和谐与人性的光辉。”

他强调并呼吁：“我们需要通过青年大学生们的努力，将志愿公益之风在校园内进一步发扬光大，让每一位学生都进一步强化公益意识。我们要将礼仪、微笑散播开去，扩展到校园以外，扩展到社会的每一个角落，希望志愿者们用亲身的经历告诉身边的人，志愿与微笑其实是那样地简单，用你的真诚和快乐去感染他们，在他们的心灵上开启一扇窗户，洒入一缕阳光，那么你就加入了志愿和公益的行列。当志愿与微笑成为当代青年一种生活习惯的时候，它一定会引导整个社会，使之成为一种社会风尚。”如今，志愿与微笑已成为清华学子的优秀习惯。

我们老年人应向青年学生学习，让微笑成为习惯，任何时候都保持微笑是一种高贵的品质。让我们轻松、淡定地绽放笑容，把自己最美的表情展现给家人、朋友和世人！

当你微笑的时候，世界也在朝你微笑！

让快乐的歌声飞遍天涯海角，让美丽的微笑浸染遍野春花！

歌声与微笑

1= C $\frac{4}{4}$

作词：王　健
作曲：谷建芬

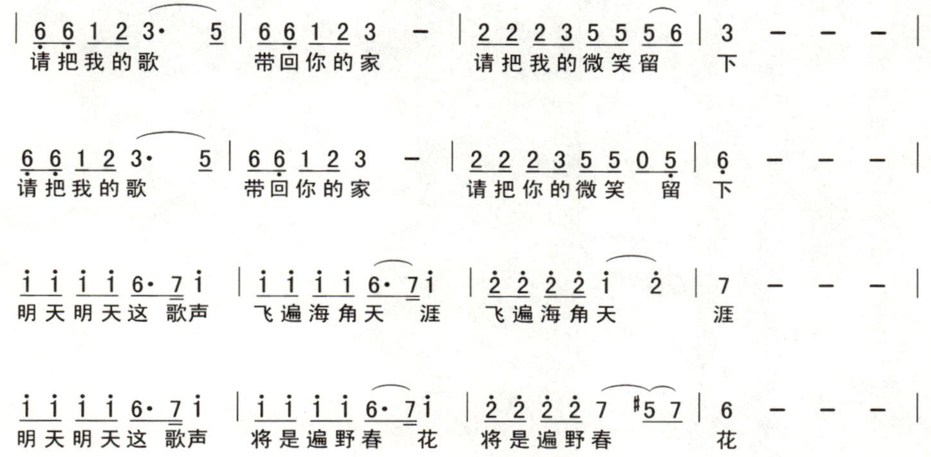

PART 2

气质修养篇

QIZHI XIUYANG PIAN

第五章 气质优雅

认识自我与心理测试

根据生存的需要，人对周围的人与事物都要有所了解和认识，人也可以并能够对周围的人与事物有所了解和认识。但人唯一忽略的是对自己的了解和认识，为什么要谈这个问题，因为这个问题既很重要但又常常被人忽略。很多心理咨询师都曾接待过许多老年人，主诉的过程中，他们一边说一边哭，感到很委屈也很为难，许多老人甚至感觉到走投无路。听起来好像都是些芝麻绿豆的小事，但就是这些小事却深深地困扰着老人，让老人们感到非常的痛苦。究其原因，大多是因为虽说活了大半辈子，但这些老人并不明白自己是谁？自己是一个怎样的人？自己内心深处的基本需求是什么？他们几乎对自己完全不

了解，更不明白到了晚年这个人生阶段自己到底想“要”什么。常言道：“知己知彼，方能百战百胜”，了解和认识自己确实很重要。

有这样一位教师，她和老伴退休后身体状况都尚好，也有自己单独的住房和充裕的退休金，按说他们完全可以自己独立地生活。但是她因为爱儿子想孙子，所以不顾老伴和儿子媳妇的想法，一意孤行，坚持让儿子媳妇把房子租出去，然后搬过来跟她一起住，可是当儿子媳妇真的住过来之后，她才发现事情并不是向她所想的那样简单。繁复琐碎的家务事周而复始，一段时间下来吃不消了，将自己陷在左右为难的境地。这就是没想清楚的结果。

据这位退休教师自己说，自己的工作一辈子没得说，常常得奖，

可没想到在退休后的生活上却安排得如此失败……

这位老人为什么会成这样呢？看起来答案似乎很简单，即缺少思考，一意孤行。其实她所遇到问题的原因并不简单。首先她不认识自己，不了解自己，根本不知道退休之后将意味着什么？更没看清接下来的日子是要一天天走向衰老。老人首先就是要让一切变得简单，因着简单而轻松，因着轻松而提高生活品质。

周恩来总理曾说过的一句话："活到老，学到老。"这话是有道理的。

学习是一种人生滋养，学习是自我提升的最佳途径。而思考则是人生的搀扶与手杖，因为思考可以减少羞愧、后悔和遗憾。爱学习是一种人生态度，爱思考是人生应有的智慧。

亲爱的老年朋友，有时在网上看一些心理测试题，也可以帮助我们了解自己，偶尔被说中了会心一笑，也算是个乐趣吧。

1. 你是死要面子活受罪吗？

今天上班，你戴了一款新买的名牌手表，当同事赞美你的手表时，你通常的反应是什么？

A. "哪里，只是个便宜货啦！"谦虚地回答。

B. “真识货，这个可是欧洲牌子某某某……”顺手把手表的所有功能炫耀出来。

C. “是吗？谢谢！”显出高兴的样子。

D. “你也有只漂亮的表，不是吗？”赞美别人时再一次趁机赞美自己的手表。

测试评语

选择 A 的人：你是个很有心计的人。

你的内心世界其实并不简单，旁人往往很难从你的外表探到你的内心。你同时还是个比较理智的人， 不会为了“脸面”之事而浪费太多的钱财，但你的衣着及生活用品，均依你自己喜好而定，并不会太过顾及别人的评论。

选择 B 的人：典型的“死要面子活受罪”。

你会为了外在的东西花掉很多的钱。不能说你是个爱慕虚荣的人，但尽量少让物质欲望控制你比较好。同时，待人接物谦虚点，会让旁人更喜爱你。

选择 C 的人：你是个崇尚自然、简约的人。

你有一颗晶莹剔透的心，谁选了你作为恋人或者生意伙伴的话，会是个幸运的人。你很少会乱花钱，也不会为追逐时尚而浪费，但是，也许你某些时候可以适当地“对自己好一点”。

选择 D 的人：你是个随和的人，但自尊心比较强。

你会有比较好的人际关系，在工作、事业上也会有所发展。但如果你坚定地选择了这个答案的话，说不定你有自尊心与自卑同样强烈的性格特征。

2. 你如何猜想?

一个滂沱大雨的夜里，你从窗子看到有一个男子在路上慢慢独行，你猜想他正处在什么样的心情?

A. 思考某个问题，满腹心事。

B. 正在享受一个人的孤单。

C. 只是忘记带伞，不想狼狈地在雨中奔跑。

D. 刚结束一段感情，因而失魂落魄。

测试评语

选择 A 的人：你是属于那种交往圈子很广的人。

你平常能够很好地控制自己的情绪，轻易不会和其他人发生什么冲突。你应该是从小就拿奖状的学生。就算你成绩平平，但在老师心目中，你也是那种比较听话的学生。

选择 B 的人：大多时候，你总是专注自己的目标。

你不太受约束，只要别人不侵犯你，你也不会干涉他人。你常常表现出很冷漠的样子，寡言少语，让人以为你很孤僻。其实和你相处久了的朋友，也都知道你内心热情似火，只是外表往往没有表现出来。

选择 C 的人：你是个爱敲边鼓的人。

只要有一人发难，你就会乐得跟着起哄，出发点并没有什么恶意。如果事情到头来演变得不可收拾，你也会觉得很难过，因为你没有料想到自己会成为事件的帮凶之一。你很多时候只是在凑热闹，爱玩是你的天性。

选择 D 的人：你的情绪起伏很大，算是一个性情中人。

遇到问题时，你的反应很激烈，可能一句话还没听完，就已经先想到要如何防卫。你平常看起来很傲慢，为此可能会招惹不少麻烦。

你与别人相处，往往是顺眼的就成为死党，而不顺眼的很有可能就成为你的仇敌。

3. 从笑容看你的心机有多重

有一个小朋友，他在上语文课时，突然很想上厕所，便举手和老师说："老师，我要大便！"老师非常生气地说："不可以用这么粗俗的字眼，不准去！"就命令他坐回去，可是那名小朋友还是憋不住，只好又举手说："老师，我的屁股想吐！"看到这里，你会怎样笑起来呢？

A. 呵呵地冷笑或是干笑

B. 遮住嘴巴地笑

C. 嘴巴张得大大的，毫不掩饰地笑

D. 想憋又憋不住，噗嗤地笑了出来

测试评语

选择A的人： 你很有心机，不管用明用暗，总可以自由地操纵别人，以达成目的，你无时无刻不在观察别人，是个厉害的狠角色。心机指数90%。

选择B的人： 你是那种宁愿自己生闷气，也不轻易说出来的人，通常会紧闭心灵，却又渴望别人能主动了解自己，为人有点现实且有点固执，一旦心意已决，不管什么人也说不动。心机指数70%。

选择C的人： 你是很单纯的人，因为你很有担当，不太会去因为别人而随意更改自己的想法。通常待人两极化，不是极好就是极坏，因为你是个疾恶如仇的人，难和讨厌的人来往。心机指数40%。

选择D的人： 你是一个心地善良的人。当他人有困难，你可以不啬惜地为他分忧，但是你却是最常忽视自我需求的那个人，心机指数 60%，常可能为了别人而牺牲自己。

4. 你的弱点在哪里?

人常常都会把自己最真实的一面隐藏在虚伪的外表之下，但是很多时候，一些看似不起眼的小动作，往往会暴露人们的内心。为了更加了解自己，不妨做一做下面的测试：

你偷偷存了好久的私房钱，终于如愿以偿地买到了早就想要的宠物狗。没想到回家打开笼子后，宠物狗可能因为害怕，居然一溜烟地躲了起来。你觉得它会躲在哪里呢?

A. 床下　B. 书桌下　C. 镜子后面　D. 电视机后面

测试结果

选择A的人：你的死穴是恋爱。你选择床，表示你对恋爱有很多错综复杂的感觉。做朋友时你可以自然相处，一旦变成恋人，你就开始患得患失，变得很胆小。或许是过去有被情人背叛的经历吧。

选择B的人：你的死穴是气质。书桌是念书用功的地方，选择这里的你对“气质”有很深的情结。只要周围的人开始谈论时尚或艺术，而你跟不上的时候你就会觉得自己很丢脸。不过这部分是可以通过自己的努力去弥补的，或许现在的你也会觉得自己在这方面努力不够，那么就多花点时间研究一下吧。

选择C的人：你的死穴是外貌。镜子能映出全身的曲线和脸庞，选择这里的你对自己的外貌姿色很没有信心。你觉得自己的身材和脸蛋没有任何傲人之处，所以很多时候都无法进行积极的行动。虽然外表的问题不是那么容易解决，但这也不是缺点，你何不注意发挥出自己特色呢？

选择D的人：你的死穴是人际关系。电视上的新闻或戏剧都可说是社会生活的缩影，选择这个选项的你对人际关系比较在意。你不擅长与人沟通，说话时常会过分紧张，即使讲了也不知道自己将意见传达出去了没有，或是常常在冲动之下，说了不该说的话。建议你可以从身边的人开始，努力练习说话。

测试评结语

如果你知道了自己的死穴在哪里，就应该马上行动了，或者改变自己的行为模式，或者改变自己的形象，或者改变自己的心态和看法。相信不久以后，肯定会有一个崭新的你出现在众人面前。

老年人通过系统地学习，不仅懂得如何安排自己的晚年生活，而且还能注重自身的修养，为儿女做出正确的人生参照，希望我们老年朋友，即便有一天瘫痪在床，仍可以说出造就晚辈的话，那我们便真正实现了优质人生的夕阳价值。当我们活出被家人和社会双重接纳与认可的人生状态时，我们就是在用生命诠释礼仪的内涵，让人们洞见礼仪内涵的丰富与深厚。

老年人的气质特征

什么是气质

常常听到有人情不自禁地对某人发出赞叹："这个人气质真好！"是的，确实有那么一种人，你说脸蛋儿吧也不算俊，但就是从内到外透着那么一种说不清楚的劲儿，无论到哪儿不仅格外引人注目而且会让人顿生敬畏。这种说不清楚的那股劲儿就叫气质。

气质，即指个体不以活动目的和内容为转移的典型的、稳定的心理活动的动力特性，是一个人心理活动在发生速度、灵活性、强度和指向性等方面特征的综合。

心理活动的速度和灵活性，主要指知觉的速度、思维的灵活程度、注意力集中时间的长短等；强度主要指情绪的强弱、一直努力的程度等；指向性即个体的心理活动是倾向于外部现实还是倾向于自己的内心世界。

个人气质是指一个人内在涵养或修养的外在体现。气质是内在的不自觉的外露，而不仅是表面功夫。说起来还真不那么简单，因为气质的心理结构十分复杂，它是由许多心理活动的特征交织而成，这些特征主要包括：

1. 感受性　人对内外界刺激的感觉能力，这是神经过程强度特征的表现。

2. 耐受性　人在接受刺激作用时表现在时间和强度上的承受能力，也是神经过程强度特征的反映。

3. 反应敏捷性　心理反应和心理过程进行的速度（如记忆的快慢、思维的敏捷程度、注意转移的灵活性等），这是神经过程灵活性的表现。

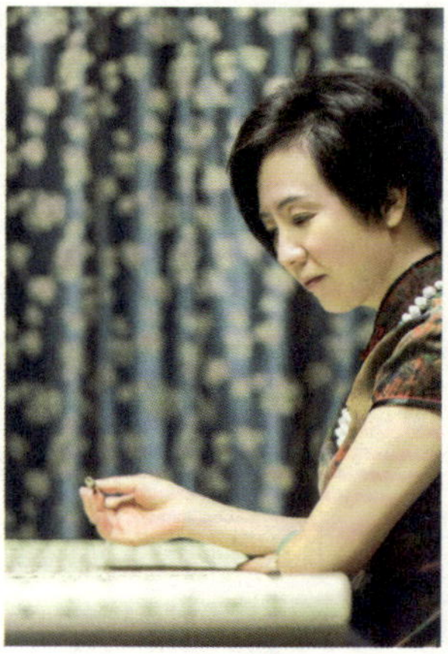

4. 可塑性 人根据外界环境变化调节自己以适应外界的难易程度，它与神经过程的灵活性关系密切。

5. 情绪兴奋性 包括情绪兴奋强弱与情绪外观的强烈程度。情绪兴奋性既和神经过程的强度有关，也和神经过程的平衡性有关。

6. 倾向性 心理活动、言语和动作反应是表现于外部还是内部的特征。倾向性与神经过程强度有关，外向是兴奋过程强的表现，内向是抑制过程强的表现。

气质的形成就更加复杂，它既是经意与不经意间“训练”的结果，它更是由家族中一代又一代“深”与“厚”的传承共同滋养而成。而更说不清楚的是，几个孩子虽是一母所生，但绝佳的气质却不可能个个拥有。正因为如此才出现了“美丽经常看见，而气质却不可多得！”

气质是礼仪中的重要呈现，但是它必须与修养并肩，否则就会出现人们常见的一种人，外在形象虽然很好，但语言粗俗，不拘小节，让人嗤之以鼻厌而远之。跨入老年，很难再有像年轻人那样的皮肤、容貌和

挺拔身材，但我们只要注重自身的修养，如语言文明和气，服装整洁大方，行为端庄得体，仍然可成为受人尊敬和令人喜爱的人。亲爱的老年朋友，我们不要因为年龄而放弃自己，花儿可以凋零，但叶子却因着“绿”而更加长久地散发芳香。为了让我们对气质及个人气质构建有更多的了解，请看下列测试题，可以帮助你大致确定自己的气质类型。

在回答这些问题时，你认为很符合自己情况的，记 2 分；比较符合的，记 1 分；介于符合与不符合之间的，记 0 分；比较不符合的，记 −1 分；完全不符合的，记 −2 分。

测试题记分表

胆汁质	2	6	9	14	17	21	27	31	36	38	42	48	50	54	58	合计
（A）																
多血质	4	8	11	16	19	23	25	29	34	40	44	46	52	56	60	合计
（B）																
黏液质	1	7	10	13	18	22	26	30	33	39	43	45	49	55	57	合计
（C）																
抑郁质	3	5	12	15	20	24	28	32	35	37	41	47	51	53	59	合计
（D）																
汇总：A（ ） B（ ） C（ ） D（ ）																

1. 做事力求稳妥，不做无把握的事情。
2. 遇到了可气的事就怒不可遏，想把心里话全说出来才痛快。
3. 宁肯一个人干事，不愿意很多人在一起。

4. 到一个新环境很快就能够适应。

5. 厌恶那些强烈的刺激，如尖叫、噪音、危险镜头等。

6. 和人争吵时，总是先发制人，喜欢挑衅。

7. 喜欢安静的环境。

8. 喜欢和人交往。

9. 羡慕那种能够克制自己感情的人。

10. 生活有规律，很少违反作息制度。

11. 在多数情况下情绪是乐观的。

12. 遇到陌生的人感到很拘束。

13. 遇到令人气愤的事情，能很好地进行自我控制。

14. 做事总是有旺盛的精力。

15. 遇到问题常常举棋不定，优柔寡断。

16. 在人群中从不觉得过分拘束。

17. 情绪高涨时，觉得干什么都有趣；情绪低落时，又觉得什么都没有意思。

18. 当注意力集中于某一事物时，别的事很难使我分心。

19. 理解问题总是比别人快。

20. 碰到危险情景时，常有一种极度恐怖感。

21. 对学习、工作、事业怀有很高的热情。

22. 能够长时间做枯燥、单调的工作。

23. 符合兴趣的事情，干起来劲头十足，否则就不想干。

24. 一点小事就引起情绪波动。

25. 讨厌做那种需要耐心、细致的工作。

26. 与人交往不卑不亢。

27. 喜欢参加热烈的活动。

28. 爱看感情细腻、描写人物内心活动的文学作品。

29. 工作学习时间长了，常感到厌倦。

30. 不喜欢长时间谈论一个问题，愿意实际动手干。

31. 宁愿侃侃而谈，不愿窃窃私语。

32. 别人说我总是闷闷不乐。

33. 理解问题常比别人慢些。

34. 疲倦时只要短暂的休息就能精神抖擞，重新投入工作。

35. 心里有话宁愿自己想，不愿说出来。

36. 认准一个目标就希望尽快实现，不达目的，誓不罢休。

37. 学习工作同样一段时间后，常比别人更疲倦。

38. 做事有些莽撞，常常不考虑后果。

39. 老师或师傅讲授新知识、新技术时，总希望他讲慢些，多重复几遍。

40. 能够很快忘记那些不愉快的事情。

41. 做作业或完成一件工作总比别人花的时间多。

42. 喜欢运动量大的剧烈体育运动，或参加各种文艺活动 。

43. 不能很快把注意力从一件事情转移到另一件事情上去。

44. 接受一个任务后，就希望立刻把它迅速解决。

45. 认为墨守成规比冒风险强。

46. 能够同时注意几件事物。

47. 当我烦闷的时候，别人很难使我高兴起来。

48. 爱看情节起伏跌宕、激动人心的小说。

49. 对工作抱认真严谨、始终如一的态度 。

50. 和周围人们的关系总是相处不好。

51. 喜欢复习学过的知识，重复做已经掌握的工作。

52. 希望做变化大、花样多的工作。

53. 小时候会背的诗歌，我似乎比别人记得清楚。

54. 别人说我“出语伤人”，可我并不觉得这样。

55. 在体育活动中，常因反应慢而落后。

56. 反应敏捷，头脑机智。

57. 喜欢有条理而不甚麻烦的工作。

58. 兴奋的事常使我失眠。

59. 老师讲新概念，常常听不懂，但是弄懂以后就很难忘记。

60. 假如工作枯燥无味，马上就会情绪低落。

评分与解释

1. 如果某类气质得分明显高出其他三种，均高出 4 分以上，则可定为该类气质。如果该类气质得分超过 20 分，则为典型；如果该类得分在 10 ~ 20 分之间，则为一般型。

2. 两种气质类型得分接近，其差异低于 3 分，而且又明显高于其他两种，高出 4 分以上，则可定为这两种气质的混合型。

3. 三种气质得分均高于第四种，而且接近，则为三种气质的混合型。

4. 如果 4 栏分数皆不高且相近(＜3分)，则为 4 种气质的混合型。

此外，凡是在 1、3、5…奇数题上答“2”或者“1”，或者在 2、4、6…偶数题上答“－1”或“－2”，每题各得 1 分，否则得半分。如果你是男性，总分在 0 ~ 10 之间则非常内向，11 ~ 25 分之间比较内向，26 ~ 35 之间介于内外向之间，36 ~ 50 之间比较外向，51 ~ 60 之间非常外向。如果你是女性，总分在 0 ~ 10 之间非常内向，11 ~ 21 之间比较内向，22 ~ 31 之间介于内外向之间，32 ~ 45 比较外向，46 ~ 60 之间非常外向。

A. 如果某一项或两项的得分超过 20，则为典型的该气质，例如汁液质项超过 20，则为典型的胆汁质；黏液质和抑郁质项得分超过

20，则为典型黏液—抑郁质混合型。

B. 如果某一项或者两项以上得分在20以下、10分以上，其他各项得分较低，则该项为一般气质。

C. 若各项得分都在10分以下，但是某项或者几项得分较高（相差5分以上），则为略倾向于该项气质（或几项混合）。例如略偏黏液质型；多血质—胆汁质混合型。

D. 其余类推：一般说来，正分值越高，表明被测者越具有该项气质的典型特征；反之，分值越低或者越负，表明越不具备该项特征。

气质类型的具体表现

气质类型的心理指标

气质类型	感受性	耐受性	敏捷性	可塑性	情绪兴奋性	倾向性	速度
胆汁质	低	较高	灵活	小	高	外向	快
多血质	低	较高	灵活	大	高	外向	快
黏液质	低	高	不灵活	稳定	低	内向	慢
抑郁质	高	低	不灵活	刻板	体验深刻	内向	慢

四种典型的气质类型具体表现如下：

1. 多血质　活泼好动，反应迅速，动作敏捷，思维灵活，但往往不求甚解，注意力易转移，情绪不稳定，感情易表露且体验不深，易适应环境，喜欢交往，做事粗枝大叶，具有外倾性。

2. 胆汁质　精力旺盛，反应迅速，智力活动具有极大灵活性，直率热情，表里如一，情绪体验强烈，易冲动，有顽强拼劲和果敢性，但缺乏耐心，整个心理活动笼罩着迅速而突发的色彩，具有外倾性。

3. 黏液质　安静沉稳，喜欢沉思，反应缓慢，灵活性不足，比较刻板，注意稳定，不易习惯新环境、新工作，情绪不易外露，善于忍耐，坚韧执拗，具有内倾性。

4．抑郁质　敏锐稳重，情感体验深刻、持久、少外露，行动缓慢，胆小、孤僻、不善交往，遇困难或挫折易畏缩，有较强敏感性，容易体察到一般人不易觉察的事件，具有内倾性。值得指出的是，人的气质特征千差万别，上述四种气质类型的分类只是相对的，实际生活中纯属某一典型气质类型的人很少见，大多数人属于不同气质类型的混合型，或近似于某种类型，或介于某些类型之间。

气质的心理结构十分复杂，建议老年人也以消遣的心态对气质特征做些基本的了解。因为老年人只要身体还好生活能够自理，还是尽可能地让自己的形象更好一些，因为姣好的自身形象既是社会礼仪的需要，同时也会让自己心情愉悦。

气质优雅风度宜人

有一年春天人们在武汉磨山赏牡丹，满园的牡丹花团簇簇争奇斗艳，黄牡丹雍容高贵，白牡丹纯洁清雅，红牡丹热烈奔放……人们雀跃在万花丛中，就在这时，远处走来的一个人深深地吸引了大家的眼球。她，娟秀的身材，轻盈的脚步，米色的风衣裹着深咖啡色长裙，她双手随意地插进风衣口袋，黑色的丝巾与一头别致而美丽的白发随风飘动……哇！好美的女人！当她从大家面前款款走过，哇！至少已年过七旬了。此时满园的牡丹顿然失色，人们的眼睛

情不自禁地跟着她……“是什么能让这般年龄的女人还如此优雅美丽而令人难忘呢？”

是她透露出来的优雅气质让人钦羡！让人身心愉悦，让人回味无穷！

足见由内而外透出的优雅气质，会给人的视觉带来极大且难忘的冲击力！这就是礼仪的功能与力量！

走过人生大半辈子的人们，谁都希望活出生命的品质，更希望呈现出优雅宜人的外在形象，但真正实现心中的愿望还真不是一件很简单的事。有一位女科学家，她曾为我国航空事业做出过重要贡献，退休后被一家私企聘请做顾问。初见面时，实在没有办法把她与她科学家的身份相关联。只见她稀疏的头发灰白而凌乱，一件灰旧上衣的胸前布满了吃饭留下的印记，两只手深深地插进上衣口袋并聚拢到腹部，好像很冷的样子。更滑稽的是，她穿的外裤又瘦又短，花秋裤却堆到脚面。接触时间长了才知道其实她身上有许多优秀品质，更不用说她渊博的学识，当熟人说起与她刚见面时的感觉，她哈哈大笑：“这就是我老伴儿对我一个人在外面最不放心的地方了，我是不会穿不会美也不会做家务呀！这辈子光知道念书了，哪儿懂得打扮自己呀？”她又接着说：“不过也不能怨我呀，都是我老妈和我老伴儿把我惯成这样的，小时候我妈惯我，嫁人了我老伴儿惯我。”原来她

有着对她特别好的老伴儿，虽说母亲早已不在，但衣食住行老伴儿全面为她包办代替。讲起自己的笑话时，她自己都笑得直不起腰来。有一次市里领导请她去做报告，她早早地就到了，参加会议的人们陆陆续续地开始进场，这时，只见工作人员匆匆来到她面前：“老奶奶，您怎么坐这儿了？我们要开会了，这是领导和嘉宾的位子，请您到外面去，好吗？”完全不容她解释，工作人员拉起她就往外走。这时只见一位领导疾步地来到快被推出门外的她面前，恭恭敬敬地鞠躬，并热情地请她到前台嘉宾席就座，说市长要接见她，并替工作人员向她道歉。见此情形，那个工作人员简直傻了，“天哪！她竟是今天的主讲嘉宾！”当你读到这里时，你是否有想喊的冲动：“哎呀！老太太，你为什么这样活着？你到底要让我们拐多大的弯儿才能看清你这庐山的真面目呢？”

亲爱的老年朋友，以上的两个案例让我们更深入地看到内在美与外在美相结合的重要性。

第六章 修养卓越

修养之于心地，其重要犹如食物之于身体。

——（古罗马哲学家）西塞罗

只有不够聪明的人才批评、指责和抱怨别人。但是，善解人意和宽恕他人，需要修养和自制的功夫。

——（美国教育家）卡耐基

道德修养

▲道德是做人的根本……没有道德的人，学问和本领愈大，就能为非作恶愈大。

——著名教育家陶行知

道德修养是指个人为实现一定的理想，在意识和行为方面进行的道德上的自我修炼，以及由此达到的道德境界。“道德”是抽象的，似乎是看不见的，但它既是真实存在而又是人人都需要的，道德的价值正在于此。从深层心理需求来看，即便自己是一个常常违背道德的人，但他却需要别人有道德。因为道德是人们正常稳定生活及呈现出外在行为的一种重要的准则和规范。每一个人都是独立的，具有个性的，但是，每一个人都生活在社会中，因而就必须自觉地遵循社会的道德准则与规范。

然而，大千世界，纷繁复杂，每个人的人生观、价值观所形成的思想及行为方式是迥然不同的，有人豁达，有人计较；有人勤劳善良，有人懒惰怯懦；有人向上进取，有人自暴自弃；有人坚持正义，有人颠倒是非……导致这种差异的原因有很多，但都与道德修养程度有关。有这样两个妯娌，大嫂相貌平平，但性格平和温柔贤惠。丈夫在外担负着重要的政府领导职务，她的丈夫很爱她，特别疼惜她，因此她的生活安宁而幸福。相反弟媳的日子

却完全不同，夫妻不睦，整天家无宁日。原因是弟媳人虽漂亮，但自私霸道，既不能与丈夫和睦相处，更不能善待公婆家人，总是没事找事，制造事端，日子过得苦不堪言。弟媳虽然有外在的美貌却没有得到丈夫的欢心，而大嫂却以自己良好的道德修养赢得丈夫的忠贞与爱情。

两个同样为人妻的女人，哪一个在丈夫的心里更加美丽呢？

加强道德品质的自我修养，是礼仪的首要！希望每位老年人首先要做到自尊自重，要明确社会的道德准则与规范，明确作为一个社会人的职责与义务，要有所为，有所不为。只有不断自我反思、自我修炼、自我塑造，才能对自己身上非道德的东西进行自我解剖、自我洗涤，从而达到自我完善的境界。

加强道德品质的自我修养，不能只是“闭门思过”“独处静修”，而是要在现实生活中打磨，家庭及社会是培养道德品质的学校。

品格修养

品格与人格是一对双胞胎，虽然不是形影不离，但却是同一生命体征。品格与人格既有相通之处又有区别。两者都含有“品质、品行、品德”之意，但人格一般是指人的性格、气质、能力等特征的总和，

而品格是一个人的品质和价值，一个人的精神道德境界。一般来说品格很大成分是来自后天的塑造。品格的塑造不是一朝一夕所成，它取决于环境、教育及熏陶而成。拥有高尚品格的人，往往总是给自己、也给他人带来信心、光明和正能量。

有一位老人很喜欢养花种草，而且养得特别好，经她手侍弄出来的花草总是别有一番韵致。当别人向她讨教时，她往往半天才能回答，而且回答得特别认真："你要常常和它说话呀！"和花草说话？这是一般人所弄不懂的，是的，因为这位老人的"心理"不是一般人能懂得的，这种心理有着对美深刻的理解和超然的认识，因此才能体会到由花草的美给人带来的心灵滋养。懂得欣赏美、积极创造美，才能使一个人的心理修养得到深层次的提高而形成精妙的心灵品质。古今中外许多艺术巨匠和艺术大师，都是有着丰富的生活积累的，比如屈原、司马迁、杜甫、李白、曹雪芹等人不仅有着不平凡的生活际遇，更重要的是他们能从所经历的或苦或乐中汲取有用的东西进行提炼，为其创作储存了丰富的素材，其作品可谓千古流芳。

行为修养

人到老年"容"为美。这个"容"是指宽容、包容、容忍。一滴墨水滴进了杯子，杯子里的水就不能喝了，但若是滴进了大海，那又有什么关系呢？

人到老年"让"为先。这个"让"是指谦让、忍让、礼让。无论购物、上车，若发现有人要挤到你的前面，一不气二不急，宽厚一笑："没事没事，您先来。"你此时所呈现出来的恩心慈容是最详细的礼仪说明书。礼仪是一种心情，礼仪是一种力量，让自己呈现出美的同时，也给别人带来愉悦与省思。

请看下面这组关于行为修养的正确做法，希望对大家有所启发和帮助：

1. 跟小孩子说话时，尽量蹲下。

2. 公共场合拉椅子时，把椅子抬起，而不是直接拖动弄出很大的响声。

3. 离开图书馆时，轻轻把椅子放回原位。

4. 男士和女生走在一起的时候，主动走在靠近车道的一侧。

5. 等人或等车时，随身带一本书。

6. 认真接过路上兼职人员发的传单。如果有特殊原因不能接受，也报以微笑，表示感谢。

7. 上菜时对服务员，或付款时对收银员说谢谢。

8. 进出公寓和公共场合的大门，帮别的人扶住门，方便他们进出，尤其带小孩的和手里拿着东西的人。

9. 推门、按电梯门时，让别人先出去。

10. 挂电话时，等对方先挂断。

11. 过马路认真等红绿灯，开车堵车的话让出人行道。

12. 吃饭不吧唧嘴、不翻菜、不剩米粒。

13. 擦桌子的时候，要往自己的方向抹。

14. 对门卫、迎宾有礼貌，起码点头笑一下。

15. 遛狗的时候牵绳，自觉打扫宠物的排泄物。

16. 不说脏话。

17. 在宿舍等公共场所，注意自己说话的声音或动作有没有影响到别人。

18. 公共场合洗完手不随意甩手，防止水溅到别人身上。

19. 别人给自己倒水时，应用手扶住杯壁，以示礼貌。

20. 在下雨天开车，减慢车速。车前面有老人、小孩、宠物，放慢车速。

21. 轻声关门，主动让座。

22. 递剪刀、刀子等物品时，把尖锐的一边朝向自己。

23. 戴着耳机时不和别人说话，说话的时候拿掉耳机。

24. 上下楼梯脚步轻；敲门一次敲 2~3 下，停 10 秒再敲第二次。

25. 给女生递瓶装水或饮料的时候，把瓶盖拧松。

26. 停车的时候，给车和人留出通道。

27. 不要插队，如果实在有急事，应该向排在前面的人说明情况。

28. 说话看着别人的眼睛，对视的时候微笑。

29. 去超市推购物车时，注意不要撞到、蹭到人或者压到别人的脚，经过小朋友身边时，伸手护一下。

30. 咳嗽、打喷嚏时捂起嘴巴。

31. 不随便评论别人，尊重别人的不同，甚至是让你觉得难以理解的地方。

32. 有人掉了东西，如果你离得近，帮对方捡起来。

33. 坐手扶梯，除非赶时间，否则自觉靠右。

34. 克制优越感，即便有资本。

35. 外出或回到家里，主动跟父母长辈打招呼。

36. 不乱动别人的东西，尊重别人隐私，开玩笑适度。

37. 不在公共场合问别人工资。

38. 守时，迟到对其他准时到场的人来说，是不尊重的表现。

39. 不随便打断别人的谈话，先听完对方的发言，然后再反驳或者补充。

40. 在同别人谈话的时候，保持注意力集中，而不是翻东西、看书报，心不在焉。

41. 避免高声喧哗。

42. 信守诺言，自己说出来的话，要竭尽全力去完成。

43. 关怀他人，不论何时何地，对妇女、儿童及上了年纪的老人，总是表示出关心并给予最大的照顾和方便。

44. 大度，与人相处胸襟开阔，不斤斤计较。

45. 富有同情心，在他人遇到某种不幸时，尽量给予同情和支持。

46. 盛饭或端茶给别人时，如果中间隔了人，不要从别人面前经过递，而要从别人后面绕过递。

47. 去别人家里，不要坐在人家的床上。

48. 在酒桌上与别人碰杯，自己的杯子一定要低于对方的，特别对方是长辈或领导。

49. 如果问别人话，别人不回答你，不要纠缠不休。

50. 别人批评你的时候，即使他是错的，也不要先辩驳，等大家都平静下来再解释。良好的行为表现是礼仪的无声呈现，深厚的修养沉淀如高山支撑着生命绽放出绚烂的夕阳之光！

第七章 心态阳光

激情创造未来，心态营造今天；带着阳光心态，缔造阳光生活，走向阳光未来。

——吴维库（清华大学博导）

调整情绪

情绪是多因素的组合，所有的心理问题最终都是通过不良的情绪所体现出来的，而人必须为自己不良情绪承担全部的后果。

人的情绪是一种心理表现，伴随着情绪活动有一系列的表情动作和生理变化，如紧张、激昂、烦躁、低沉、懒散、忧郁等等。情感反常、喜怒无常，都会影响神经系统的正常活动，从而引起植物神经系统功能的失调和新陈代谢障碍而发生疾病。因此，只有学会有效地控制自己的情绪、管理自己的情绪、优化自己的情绪，才能够成为心理健康的人。

老年人能否有效地管理自我情绪，营造良好的情绪氛围，要看其是否具备了较高的“情商”。情商是衡量情感智力的参照指数。情感智力包括五方面内容：了解自己情感的能力；控制自己情感的能力；了解他人情感的能力；控制他人情感的能力；自我激励的能力。老年人情感智力的高低将关系到身体的健康和幸福程度。

如何有效地优化自我的情绪，培养良好的情商呢？

情绪与交流

认识情绪的本质是“情商”的基础。在相互交流中，人们往往主要依靠听取和分析对方的语言来获得信息。其实，人的身体语言更能传达出许多信息及暗示。比如，一个人的手势、眼神、声调等，都可以透露出其真实的感受，仔细观察这些，可以与对方达到心领神会的境界，便于及时地领会他人的需求。另外，人在处于某种负性情绪时，也需要相互的交流。通过语言与理解自己的人交流，是情绪得以缓解的有效手段。

因为向亲朋挚友倾诉内心的苦闷，可以使不良的情绪得以发泄，压抑的心境得以缓解减轻，失去平衡的心理也可以逐步恢复正常。同时，在倾诉郁闷的过程中，还可能获得更多的情感支持和理解，获得认识和解决问题的新思路，增强克服困难的信心。

培养自信心

一个人如果能够注意培养和发展自己的业余爱好，进行多方面的自我娱乐活动，如做操、打拳、听音乐、散步、旅游等，就可以在寂寞孤独、烦闷抑郁时，使身心获得有益的休整和放松。从神经生理学角度来讲，自我娱乐、培养乐观的态度，能使心情转换，能使大脑化学物质刺激作用得以改变，使愤怒的高激活量得到释放，压力的紧张度可以得到缓解。这些活动对于人的意义，不仅在于消遣，更重要的是给人以调节情绪的作用。越是竞争性强、生活节奏快的社会环境，这些调节情绪的方法就越受到重视。

认识自身的情绪

人对自己要有自我认识，特别要认识自己的精神状态，它包括智慧能力、情感动力、个性习惯等。对自己的情绪状态有所了解，并不是说知道自己这星期发了几回怒，哭了几回，而是要了解自己的情绪处于怎样的状态，即是什么心境或心情，知道为什么发怒，为什么哭泣，从而产生自省，进而调节情绪和行为。很多人对自己的心境是无意识的，而有自我意识的人就懂得："这个星期，我情绪比较低落，我要想办法调整。"能做到这一点，就会使自己在大多数时间里保持良性的情绪状态。

控制情绪

情绪管理必须建立在自我认知的基础上，在正确认识自我情绪的前提下，要学会掌握管理情绪的技巧，像如何自我安慰，如何摆脱焦虑，如何克制愤怒等等。同时，还要学会自我激励。成就任何事情都要靠情感的自制力，而保持高度热忱是一切成就的动力。这需要不断给自己制定目标，并以满腔热忱去实现它。如果一个人情绪波动不稳，患得患失，喜怒无常，处在不良的情绪状态中，而自己又不会调节和控制，就会导致心理失衡和心理危机，甚至精神错乱。因此，要维护和保持心理健康就必须学会对情绪的自我控制。

试试四步消愁解忧法：

1. 宽法　加强心灵修养，树立正确的人生观，正确对待生活，热爱并创造新的生活。心放宽了，忧愁便在心中占不了主要位置。这是解愁的根本一条。

2. 忘法　对那些使自己忧愁的对象，尽量不去追想。如果经常从反思中去捕捉那些忧愁的成分，往往会增强印象使人自负，丢开不想，久而久之就会遗忘。

3. 泄法　忧愁虽然无形，但积在心理，却会像沉积物一样使人难受。可将忧愁对战友或对知心朋友倾诉出来，甚至痛哭一场，这样便能“散心”，使机体恢复平衡。

4. 移法　根据自己的兴趣，选择一种追求的目标，进而转移对烦恼的关注。比如，可以在比武训练中争取成绩。理想和追求对个人的精神激发力是巨大的，将忧愁转化为创造价值的奋发行动，是高超的解愁方法。

人们常说，江山易改，秉性难移，其实禀性难移，并不等于说人的性格是生来注定的，在主要程度上，它是后天的产物。恩格斯说：“环境造就人。”

克服焦虑性情绪五要素：

1. 压抑作用　是对痛苦经验或可怕冲动的遗忘。由于压抑下来的事物从意识中消失了，当事人已感觉不到，因此与该事物相联结的

焦虑就解除了。例如，一个人压抑了父亲过世的记忆，虽然也知道他老人家去世了，但再也记不起死亡的细节，因而就可以避开那种痛苦经历的折磨。

2. **转移作用**　是把敌意由不安全的目标，转向安全目标。愤怒经过转移之后不再对引起愤怒的对象反应，而向其他弱小无辜的对象发泄。例如，受父母责打的小孩会把他对父母的愤怒转向弱小的猫、狗；一个学生如果在学校里不太顺遂，回家后就可能对弟、妹大吼大叫；这些都是转移作用机制的表现。

3. **合理化作用**　是对自己难以接受的动机或行为，赋予虚伪的理由，做合理的解释，以保持自己的自尊和企望团体的承认，从而减少压力或焦虑。例如，得知自己有可能考试不及格的学生，也许会有意识或无意地拒不承认这种可能性，也许使自己相信“升级和学位没有意义”，借此减轻焦虑感。又如，当某人期望赢得一项比赛，但却失败时，他可能会说“其实我并不在乎赢不赢！”或者说“这次比赛有作弊的嫌疑！”“我并未认真去做！”“这个比赛并不值得努力去赢取！”……这些合理化的借口可以保护你的自尊，减低失败所引起的焦虑。

4. **投射作用**　是一种否认自己的感觉和态度，并将自己的感觉和态度归因于别人的方式（把它投射到别人身上）。比如，承认生气可能会使你不安，为了对付这个焦虑，你可能会强调别人对你生气，而不是你气别人。

5. 情绪隔离　是隐藏自己的情绪，以免自己受到伤害的行为反应。人们往往因为害怕失败，于是就非常小心、保守，不敢把自己的愿望、态度、情绪表达出来，这样一来就没有人能够伤害自己了。

老年人有着丰富的人生阅历，惯看人生沉浮，若能不断总结、提炼，有助于形成平常、积极、知足、感恩、豁达的心智模式，进入到更高的人生境界。

塑造阳光心态

衡量人才不是看他有多少能力，而是看他能发挥出多少能力。然而能力发挥的程度往往取决于心态。心态好，能力可以超常发挥；心态不好，直接影响着能力的发挥。有一位很优秀的主持人，舞台表现力很好，大家也都很喜欢她。可有一次她到中央电视台参加一场节目，由于过分紧张，竟然张口结舌，完全讲不出话来，场面十分尴尬，她所有的美丽在那一刻荡然无存。为什么会这样呢？原因就是心态。心态就具有这么大的力量，从里到外影响着你。

如何塑造阳光心态，试试以下几种方法：

1. 改变态度　人不要总想着改变别人，想改变别人就意味着在坚持自己。其实你自己所持守的思想观点并不见得是正确的。尤其是老年人更应该具有这种客观稳妥的人生态度。 塞翁失马的寓言故事提醒我们，任何事情都是个硬币，有时可能是正面，过两天就可能是反面，再过段时间还可能翻过来。一分为二地看待问题和事情，人就会变得理智、洒脱。改变态度就能产生激情，有了激情就有了奋发向上的斗志，结果往往就会随之变化。

2. 享受过程 生命是一个过程，不是一个结果，如果你不会享受过程，也意味着很难享受结果。生命是一个括号，左边括号是出生，右边括号是死亡，我们要做的事情就是填括号，要争取用精彩的生活、良好的心情把括号填满。

怎么享受生命这个过程呢？把注意力放在积极的事情上。旅游是一件快乐的事情，但许多人的旅游是到了景点才开始，而智慧人的旅游是从决定去旅游的那一刻就开始了。同样是旅游谁获得的快乐更多一些呢？不言而喻。

3. 情感独立 情感独立，就是不要把自己幸福的来源建立在别人的行为上面，我们能把握的只有自己。有人总是为未来担心，忧心忡忡。圣经上说：“不要为明天忧虑”，事实上明天并不是掌管在我们的手中。老年人更应该明白任何人都无法知道下一秒会发生什么，如随时而来的各种自然灾害；如接到孙子考上哈佛的录取通知书……因此不要庸人自扰，我们只能考虑力所能及的事情，力所能及则尽力，力不能及则由他去。

4. 学会感恩 感恩是一个道理，感恩更是一种能力。感恩不是只做在感恩节的那一天，而是要贯穿在整个的生命过程中。感恩父母，感恩家人，感恩老师，感恩社会，感恩上苍所造所赐万物供养我们，感恩蓝天白云，感恩青山绿水。懂感恩的人是一个可交的人，会感恩的人是一个可爱的人。感恩会带着一种特殊的持续而稳定的能力，使人心甘情愿地为家庭、为社会做奉献。感恩是礼仪的另一种呈现方式。

西方有一条格言是：怀着爱心吃菜，比怀着恨意吃牛肉要香。

5. 减缓压力 有这样一个案例：加拿大有一对夫妻总吵架，处在离婚的边缘。于是，他们决定出去旅游，试图挽救自己的婚姻。两人来到魁北克的一条南北走向的山谷，他们惊奇地发现山谷的东坡长满了各种树，西坡却只有雪松，为什么东、西坡差别这么大呢？为什么西坡只有雪松能生存呢？后来两人发现西坡雪大，东坡雪小，雪松枝条柔软，积雪多了，枝条会被压弯，雪掉下去后，枝条就又复原了。而别的树硬挺，最后树枝会被雪压断，树也就死了。两人明白了，人在压力大的时候，也要学会弯一弯。丈夫赶快向妻子检讨："都是我不好，我做得不对。"妻子一听丈夫检讨了，马上说："我做得也不够。"于是，两人和好如初。

许多的时候并不是事情的本身发生变化，而是我们的心态发生了变化，其结果就完全不同了。

让生活充满阳光

亲爱的老年朋友，我们没有能力决定寿命的长短，但我们有权利建构幸福的生活。建构幸福生活首先要请阳光进入心中，阳光带着温度温暖着自己的同时也一定会温暖着他人。当我们被阳光

照亮的同时，我们也会照亮他人。生活是美好的，你看那蓝天白云，你看那青山绿水……你看你的儿孙如同橄榄栽子茁壮健康。

老年大学是老有所学的精神家园，大家互相学习、取长补短。融入健康快乐的集体当中就会发现："哇！生活原来是如此美好！"

有这样一位大学教授——兰姐，她给人总体的感觉是——人如其名！温婉娴静的性格，真像一株山谷中的幽兰，在阳光雨露的滋养中，自然地绽放着生命的馨香。她和善而智慧的语言，像一泓山间的泉水，一缕夏日的清风，不知不觉间荡涤着你的心灵。尤其是她别致得体的着装，一套普通而合适的衣裙，一条恰到好处的丝巾，总能呈现出一种特别优雅的独特气质。在工作岗位上，她是一位优秀的教师；在家庭中，她是一位妻子，一位母亲，又是一位奶奶。她和所有的家庭主妇一样，承担着各种角色。尤其是她肩负着对小孙女由小带大的责任，她默默地、毫无怨言地担起重任，并将其培养成一个特别招人喜欢的好孩子。认识她的人从未听到她对儿女有任何不满，更未听到她对生活有任何怨言。年近七旬的她，凭着生命中蕴藏的一种精神与积极阳光的人生态度，坚持内外兼修而呈现出持续稳定的优雅气质，当之无愧地成为大家生活与礼仪的典范。

第八章 语言文明

文明的语言是一个人内心精神世界的物质外壳，文明的语言可以使两个陌生人微笑着开始一段美丽的旅程，文明的语言可以温暖三九的严寒，可以化干戈为玉帛。

——民间格言

语言的功能与修养

语言是联系社会成员的桥梁和纽带，是社会成员互相交际和交流思想的工具。

没有语言，人与人之间就无法沟通，彼此无法交流思想，联系就会中断，社会就无法进行生产活动，社会就会因此而崩溃。可见，语言对于人类社会具有十分重要的意义。

在语言的表现及语言的运用中，语言的修养显得尤为重要。

语言的文明来自内心的建构，因为人心里装着的是什么，表现出来的就是什么。心有三种出口：一是口腔语言，二是眼睛语言，三是表情语言。只要生命存在，心里的东西是藏不住的，它一定是要被这三种语言形式淋漓尽致地给抖落出来的。因此内心的修养决定着语言的文明程度、温暖程度和优美程度。得体优美的语言又是礼仪重要的有声表现形式之一。

“好话一句三冬暖，恶语伤人六月寒。”谁没被语言温暖过？谁又没被语言伤害过？温暖的语言会被人记住，并像活水的江河滋润着人们的心田。恶毒的语言也会被记住，但它如同魔鬼操纵人心去犯罪。

所以圣经上说："愚昧人张嘴起争端，开口招鞭打。愚昧人的口自取败坏，他的嘴是他生命的网罗。"

一位智慧的长者关志和曾经说过一句话："话有三说三解，花有重谢重开。"这里强调的是语言的艺术与智慧。同样是两位妻子坐着丈夫开的车有说有笑地前去参加朋友婚礼，前面出现堵车，第一位妻子显得很着急，并开始不断地抱怨："你就不应该走这条路，我们肯定迟到了，就怨你……"，丈夫看着前方不作声。妻子的抱怨还在加剧，突然丈夫大声吼道："你立马给我下去！"

另外一位妻子也遇到了同样的问题，但她的做法则完全不同，她安静平和，还不时地安慰着有些着急的丈夫："不急，大不了我们晚到一会儿。"看着妻子的善解人意，丈夫反倒自责："都怨我，就不该走这条路。"这位妻子的智慧在于两点：一是她知道自己要什么，是参加婚礼重要？还是夫妻和睦重要？孰轻孰重，不言自明。二是她内心的和谐带出体谅的语言，反让丈夫在她的体谅里生出愧意。这就是语言的力量，而这力量来自于心，来自心中有爱。语言人人都在用，但有多少人真正懂得正确运用语言的方法、技巧与艺术呢？又有多少人真正懂得语言修养与文明的真正意义呢？

爱在心里话生暖，
智在语中言生辉。
他心己心感同是，
美人美己送春风。

有一位慈祥而智慧的母亲赵万茹说过："真诚加上好好说话可以解决所有的问题。"这位母亲没有念过书，但却说出了至理名言。老年人身为长者，在语言的运用上更要谨慎，一是话要少，二是话要巧。

说出的话总要有引导他人的功能与效果。

文明礼貌用语集锦

文明礼貌用语之一

1. 初次见面说：您好！
2. 客人到来说：欢迎！
3. 好久不见用：久违。
4. 欢迎购物用：光临。
5. 求人解答用：请教。
6. 赞人见解用：高见。
7. 看望别人用：拜访。
8. 陪伴朋友说：奉陪！
9. 等候客人用：恭候。
10. 请人帮助说：请多关照！
11. 表示歉意说：对不起！
12. 麻烦别人说：拜托！
13. 与人分手说：再见！
14. 中途先走说：失陪了！
15. 表示答谢说：谢谢！
16. 表示礼让说：您先请。
17. 接受感谢说：这是我应该做的。
18. 助人为乐说：我能帮您做什么？
19. 征求意见说：请指教。

20. 表示慰问说：给您添麻烦了。

21. 见面问候语：您好；早上好；晚上好。

22. 分手辞别语：再见；再会。

23. 求助于人语：请；请问；请帮忙。

24. 受人相助语：谢谢。

25. 得到感谢语：别客气，不用谢。

26. 打扰别人语：请原谅；对不起。

27. 听到致歉语：不要紧；没关系。

28. 接待来客语：请进；请坐；请喝茶。

29. 送别客人语：再见；慢走；欢迎再来。

30. 无力助人语：抱歉；实在对不起；请原谅。

31. 礼称别人语：同志；先生；小姐；师傅；朋友。

32. 提醒别人语：请您小心；请您注意；请您别着急。

33. 提醒行人语：请您注意安全；过路请走人行道。

34. 提醒乘客语：人多车挤，请大家让一让。

35. 提醒旅客语：请您再仔细检查一下，看有没有遗忘什么东西。

36. 提醒顾客语：时间快到了，没选好商品的同志请您抓紧时间。

37. 提醒让路语：请借光；请您让一让好吗？

38. 提请等候语：请稍候（等），我马上就来。

39. 提请排队语：请大家自觉排队；请您排队好吗？

40. 接打电话语：接：您好；我是×××，请讲。挂：谢谢，再见。

文明礼貌用语之二

1. 问候语

“您好！”“早上好！”“晚上好！”“您好”或“您好，见到您很高兴”“××最近很忙吧！请转达我对他的问候！”

2. 征询语

“我能为您做些什么吗？”

“您还有什么别的事情吗？”

“这样会不会打扰您？”

3. 求助于人：

请；请问；请帮忙。

4. 感谢语

“谢谢！”

“麻烦你了，非常感谢！”

“谢谢您支持我们工作，让您费心了；

实在过意不去；拜托了；麻烦您了；感谢您的帮助。

5. 得到感谢语

别客气，不用谢。

6. 道歉语

“很抱歉！这件事实在没有办法做到。”“真不好意思……”

“真对不起，让您久等了！”

“对不起，打扰了！”

“对不起，请稍候！”

请原谅；对不起；很抱歉！

7. 听到致歉语

不要紧；没关系；别客气；不用谢；请不要放在心上。

8. 应答语

“行，请您稍候。”

“好，马上就来。”

“您不必客气，这是我应该做的。”

“不用谢，照顾不周的地方请您多多包涵。”

“请您吩咐。”

9. 提醒别人语

请您小心；请您注意；请您别着急。

请您注意安全；过路请走人行道。

10. 赞美语

“你干得很好！”

“太棒了！”

“你真了不起！”

“你手真巧！”

“这太美了！”

11. 慰问语

“您辛苦了！”

“让你受累了！”

“给你们添麻烦了！”

12. 欢迎语

“您好”“欢迎光临”“再次见到您，真是十分高兴”

请进；请坐；请喝茶。

13. 接待来客语

请进；请坐；请喝茶。

14. 告别语

“再见！”

"祝您一路顺风！"

"希望不久的将来还能在这里欢迎您"；欢迎再来；祝您一路顺风；请再来。

15. 接打电话语

您好！我是×××，请讲。挂：谢谢，再见！

礼仪典范 夕阳璀璨

"60耳顺，70不逾矩"这话凝聚着古圣先贤的人生智慧。白发渔礁，江中四季，惯看春风秋雨！那一代走了，这一代又来。亘古今天，历代君王，平民百姓，谁是完人？既然我们自己也不能，为什么总要别人完美？但这却是所有人在内心最深处隐而未现的需求，它藏得很深，一般很难发现，但它真实存在，并主导着每一个人胸怀的宽窄与境界的高低。因此"淡泊明志，宁静致远"的人生妙境有几人所能企及？

今天的我们应该有此觉醒。正如《老有老的骄傲》这首诗的作者毛翰先生在诗中所描述的：

拥有美丽的春的记忆，
拥有热烈的夏的阅历，
拥有丰硕的秋的收获，
悠然的冬天相信，
老有老的骄傲！

今天我们在谈老年人礼仪，只有通过不断的学习，因"读书明理"而产生出正确的思维、合理的期望与正确的人生观和价值观，只有这样才可能充分地了解、认识自己与他人，也只有这样才能建立与发展出和谐的人际关系与社会行为。外在的仪表对所有的人都很重要，而作为老年人能够持续稳定地呈现出儒雅、恩慈、通达、阳光的长者风范，所需要的则是长期注重内在修为与保持活到老学到老的执着精神。礼仪的本质既是外在的悦人之目，更是内在的养人之心。老年人如果能坚持内外兼修，注重净化心灵、提升境界、完善品格，展现良好的长者形象，定会成为受社会尊重和效仿的礼仪典范。

革命人永远是年轻

屠洪刚演唱

1=F $\frac{8}{8}$

作词：劫夫
作曲：劫夫、中艺

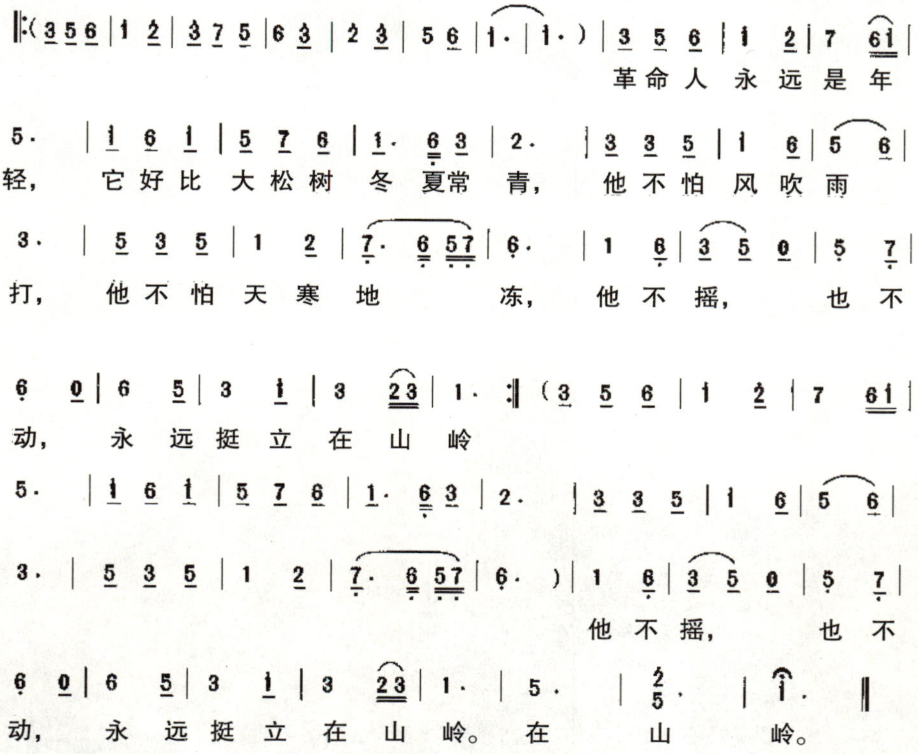

PART 3

社交礼仪篇

SHEJIAOLIYI PIAN

▲美德是精神上的一种宝藏，但是使它生出光彩的则是良好的礼仪。

——约翰·洛克

第九章 老年人日常交往礼仪

见面拜访礼仪

交往礼仪是指人们在人际交往、社会交往活动中，用于表示尊重、友善的行为规范。讲究礼仪，注重礼貌，遵守一定的礼仪规范，已成为文明社会生活的一项重要标志。

见面礼仪

人们见面后，首先要礼貌地称呼对方。称呼得体，会给对方留下良好的印象。其次，大家热情握手，亲切寒暄等。

称呼 人们见面时选择正确的、适当的称呼，既反映了自身的教养，也体现出双方关系。老人们见面时，通常亲切称呼对方为“张爷爷（张爹爹）”“李奶奶（李婆婆）”等。此外，还可根据不同对象，使用“你”“您”等第二人称称呼。“您”用来称呼长辈、上级和熟识的人，以示尊重；而“你”用来称呼自家人、熟人、朋友、平辈或晚辈，表示亲切、友好。而用尊称普遍适用于各类被称呼者，诸如“先生”“老师”等。称呼同事、熟人，可以直呼其名，以示关系亲近。不过，称呼异性朋友时使用这种方式要谨慎，不要引起别人的误会或反感。面对同事、朋友，也可以只呼其姓，在前面加上“老”“小”，如“老王”“小张”等。采用低级庸俗的称呼，既失礼，又失自己身份的。例如，当面称呼他人的绰号，是不尊重对方的表现。更不可因为比较熟，就开玩笑，“你这个老不死的还活着啊！”这样说，很可能会伤害对方。

握手 人们见面打招呼后，通常会握手。握手作为一种现代礼节，其顺序通常根据握手人的社会地位、年龄、性别和身份来确定。上下级握手，上级先伸手；长幼握手，年长者先伸手；男女握手，男士要等女士伸出手后，方可伸手握之；宾主握手，主人应向客人先伸出手。总之，社会地位高者、年长者、女士、主人享有握手的主动权。朋友、平辈见面，先伸出手者则表现出更有礼貌。

握手有约定俗成的规矩。戴手套的男士握手前应脱下手套，放好或拿在左手上，再和人握手。多人同时握手时，注意不要交叉握手，不可左右手同时与两个人相握，也不宜隔着中间的人握手。在来者较多的聚会场所，可只与主人和熟人握握手，向其他人点头致意就行了。

除特殊情况外，通常应站着握手，而不要坐着握手；握手宜用右手。其次，握手力度的大小和握手时间的长短，往往表明对对方的热情程度。一般情况下，握手用力要适当，时间 3 秒钟左右即可。久别重逢的朋友握手，时间可长一点，力度可大一点，还可上下摇动，但也不必太使劲，以免把友人的手握疼。过分热情，效果会适得其反。

男女握手时，女士只需轻轻地伸出手掌；男士稍稍握一下女士的手指部分即可，不要用双手握同辈女士的手，也不要握得太紧，更不要握得太久。

寒暄 大家见面后，可以询问对方最近还好吗？孩子们都好吧？也可以夸对方气色不错等等。态度要热情，语气要亲切。千万不要说一些不得体的话，影响他人的情绪。

拜访礼仪

随着时代的发展，社会的进步，生活的节奏越来越快，人们更加讲究效率。因此，计划拜访别人，要讲究拜访礼仪。

首先，登门拜访别人，要事先预约，不要做不速之客。可以当面预约，也可以打电话或者发短信、微信或电子邮件预约时间。因为现在大家各有各的安排，如果事先没有预约，突然去拜访，会让别人措手不及，或者干扰了别人的生活，都是不礼貌的。

其次，要遵时守约，要按照约定的时间准时到，或者晚两分钟也可以，但不要提前到。如果跟对方约好上午十点钟见，就不要提前到九点半钟就敲对方的门；也不宜太晚，约好十点钟到，不要拖到十一点钟才到，让对方久等。

到别人家后先敲门或按门铃，需要注意的是，敲门的声音要适中，不要用力拍门，按门铃时应避免使劲按着门铃不放。进别人家后不要东张西望，到处打量，没有得到主人的邀请，不可随便进入主人的卧室参观。一般来说，女主人没有邀请，客人最好也不要进厨房。此外，不少家庭非常讨厌烟味，烟民应尽可能控制自己，尊重他人。烟瘾上来了，可以对主人说：对不起，我可以抽支烟吗？如果不好意思开口，又实在忍不住了，可以说我出去一下，到户外抽一支烟，千万不要把主人家里弄得乌烟瘴气。

与人交谈时要讲究交谈的技巧，其一，多用褒义词，比如说，你们家里好漂亮，你们家收拾很整齐，你们家布置得真好，而不要说，你们家脏乱差，别人听起来不乐意。其二，要用婉转的说法，比如说主人家的小男孩胖嘟嘟的挺可爱，你可以说孩子长得好壮实，好结实；如果是个偏瘦的小女孩，不要说，孩子瘦得一把骨头，风一吹跑了，而不妨说，苗条的女孩子。有时候不得体的一句话，就可能让孩子和家长平添一份忧伤。

到了吃饭时间，好客的主人会留客人吃饭，客人可根据情况客随主便。吃饭的时候要文雅，细嚼慢咽，不要狼吞虎咽。桌子上的菜，建议每个菜都尝一尝，显得尊重主人，又有教养。用餐后，如果需要剔牙，注意用手或者餐巾纸遮挡拿牙签剔牙。

在别人家吃完饭后，喝点茶，吃点水果，最好交谈几分钟，感谢主人的盛情款待，表达自己的快乐心情，然后再告辞。既不要吃完饭后嘴巴一擦就走人，也不要在别人家停留太久。

主人送行时，客人要为主人着想。主人将客人送到门口的时候，客人可以说：请回，请留步。客人回到住所后，最好打一个电话，或者发一条短信，告知对方自己已到家了，并再次感谢对方的款待。

待客礼仪

礼貌待客是中华民族的传统美德。“有朋自远方来，不亦乐乎！”孔子的这句名言，千百年来一直被好客的中国人所传诵。

邀请亲朋好友到家里作客，最好事先做些准备，诸如整理房间，备点水果、饮料等。客人应邀而至时，主人应起身迎接，或提前到门口等候。把客人迎进屋后，安排客人就座。给客人端茶时，应用双手，一手抓住杯耳，一手托住杯底。夏天天气炎热，主人可为客人打开电扇或空调，也可递一把扇子，以消暑气。主人与客人交谈时，态度要诚恳，不要频繁地出出进进，更不要总是看表或打哈欠，以免对方误解是在下逐客令。当客人提出告辞时，主人可诚意挽留；或主随客便，等客人起身后自己再起身相送。送客时，请客人走在前面。快到门口时，主人应上前替客人把门打开，让客人先出门。如果送客人乘电梯，主人应等电梯关门后再离开。

公共场所礼仪

▲品德，应该高尚些；处世，应该坦率些；举止，应该礼貌些。

——孟德斯鸠

影剧院、图书馆、博物馆、体育场、公园等公共场所，是供大家活动的公共活动空间。在公共场所不仅要发扬尊老爱幼的传统美德，还应当自觉遵守公共场所礼仪规范。

在公共场合，不要随地吐痰，不要当着别人的面甩鼻涕、搔头发、掏耳屎、打哈欠、剔牙齿。咳嗽、打喷嚏时应捂住口鼻，面向一旁，尽量不要发出太大的声音。

吸烟有害健康，在公共场合最好不要吸烟，以免影响他人。即使吸烟，也应将吸剩的烟头放进烟灰缸，而不要乱扔。在公共场所活动时，行为举止得当，才能受人欢迎和尊敬，反之，则会令人侧目和讨厌。

游园礼仪

公园是人们休息、娱乐的公共场所。无论春夏秋冬，许多离退休老人清晨来到公园，进行活动和早锻炼。白天，游园者来到公园观光赏景。黄昏时分，人们在公园的草坪上漫步，借此消除精神疲劳。每逢周末或节假日，一些家庭倾巢出动，去公园尽情享受大自然的美。

人人都爱美，喜欢在空气清新、景色迷人的公园里休息、娱乐或举办活动等。因此，也都有责任和义务爱护公园，讲究游园礼仪。

每位在公园里活动和游玩的游客，都应当自觉保持公园的卫生和宁静。在公园内不要乱扔果皮、纸屑、饮料瓶罐，也不要高声喧哗。而利用双休日在公园游玩、野餐的家庭，不要忘了将废弃物收拾干净。

广场活动礼仪

离退休后，一些时间比较宽裕的中老年人相邀，在广场合适的位置健身、跳舞，值得提倡、鼓励。不过，建议中老年朋友在娱乐时，要考虑其他人的感受，精心选择合适的时间（例如，商场开门前、关门后），跳广场舞时，音乐声音不要太响，以免影响附近居民的生活。此外，要处理好与舞伴和其他舞友的关系，注意分寸，避免老伴产生误会。

交通礼仪

乘公共汽车礼仪公共汽车是城市居民最常用的交通工具。平时串门，双休日上街购物，通常都乘坐票价便宜的公共汽车。

乘公共汽车，应讲究以下礼仪：

1. 自觉排队　乘客乘坐公共汽车应自觉排队，依序上车。在中间站，车靠站后，乘客要先下后上，或从前门上后门下。应主动让老弱病残、妇女儿童先上。上了车的乘客应酌情向车厢内移动，不要堵在车门口，以免妨碍后面的乘客上车。

2. 主动刷卡　乘客上车后应自觉刷卡，或将事先准备好的钱币投入箱内。

3. 互谅互让　在车上遇到孕妇、病人和抱孩子的妇女，身体健壮的老人可以酌情让座。当他人给自己让座时，要立即表示感谢。车上人多时，乘客之间难免拥挤和碰撞，大家都应表现出高姿态，互相谅解。

4. 注意卫生　乘客在车上不要吸烟、进餐，要讲究公关卫生，不要随地吐痰、乱扔果皮纸屑。随身携带机器零件或鱼、肉等的乘客，应将所带物品包好，以免弄脏其他乘客的衣服。

乘坐地铁礼仪

随着国民经济的发展与科学技术的进步，我国北京、上海、深圳、南京、武汉等许多城市均修建、开通了地铁。地铁准时、便捷、安全，受到大众的喜爱。乘坐地铁，应讲究以下礼仪：

·先下后上。候车时禁止越过黄色安全线或倚靠屏蔽门；按线排队候车，先下后上；车门或屏蔽门开、关过程中，禁止强行上下列车；车门或屏蔽门关闭后，禁止扒门。

·注意仪态。禁止在地铁站、车内追逐打闹；禁止在站台、大厅、出入口、通道久留，禁止在出入口平台上坐卧。

·讲究卫生。不要在车厢内吃喝。不得随地吐痰、乱扔果皮纸屑。

·保持安静。乘坐地铁时，交谈应尽量轻声细语，不要高声喧哗。使用手机通话时，不要大喊大叫，以免影响其他乘客。

现代通讯礼仪

随着我国生活水平的逐步提高和通信事业的迅速发展，电话已进入千家万户，成为人们联系工作、交流信息、联络感情的重要通信工具。现代生活离不开电话，打电话似乎很简单，但如果不熟悉或不讲究使用电话的礼仪，可能会导致通话双方都不愉快。下面介绍几种使用电话的礼仪，以便取得最佳通话效果。

打电话的礼仪

1. 选择时间　打电话，应选择合适时间。一般说来，除非事情紧急，打电话时间不宜过早（早上 7 点钟以前）和太晚（晚上 10 点钟以后），以免打扰别人休息。打国际长途电话时，则要注意地区时差。

2. 通话准备　通话前要有所准备。确定受话人的电话号码，以免拨错号码，给别人增添麻烦；通话前要事先想好谈话内容，而不要在通话时才左思右想，让对方握着听筒干着急。

3. 通话礼貌　电话接通后应先向对方问好，然后自报姓名。若接电话者不是自己要找的人，可请他（她）帮忙传呼，并表示谢意。如果受话人不在，不要“咔嗒”一声把电话挂断，而应把自己准备讲的话告诉接电话者，托他转告。如果内容不便转告，可以告诉对方改时间再打，或请对方转告回电话的号码。

通话内容应简明扼要，不要东扯西拉。根据情况可用探询或商量的口气交谈，同时细心倾听对方的反应。除了特殊情况外，通话时间切忌过长，每次以 3 分钟左右为宜。交谈完毕道谢或道别后，把话筒轻轻放好。

接电话的礼仪

1. 尽快接听　电话铃一响，应尽快接听电话，而不要置若罔闻，或有意延误时间，让对方久等。拖延时间不仅失礼，有时还会误事。

电话铃响之际，如果自己正与友人交谈，可先与友人打个招呼，再去接电话。拿起听筒后，先说“您好”，接着自报家门。听电话时应聚精会神，可以不时地“嗯”一声，或说“好”等，以表明自己正在仔细地倾听对方的谈话并有所反应。不要在接听电话的同时，与身边熟人打招呼或小声谈论别的事情。

接到电话时若正在用餐，最好暂停吃喝，将口中的食物处理掉，以免自己咀嚼吞咽的声音通过电话传进对方的耳朵，给对方留下被轻视的感觉。

2. 助人为乐　接到打错的电话，首先仔细倾听对方找谁，然后询问对方拨的号码是多少，最后客气地告诉对方打错了电话。若有可能，不妨为对方提供一点线索。不必责怪拨错电话号码的人，或气呼呼地挂断电话，以发泄不满，这是不礼貌的举止。对方道歉时，可说声“没关系”；对方致谢时，回答“不客气”。彼此以礼相待，皆大欢喜。

3. 塑造良好的电话形象　打电话是一种特殊、快捷的交往方式。说它快捷，两人即使相距遥远，通话时却犹如近在咫尺；说它特殊，彼此“只闻其声，不见其影”（使用可视电话例外）。既然通电话主要靠声音进行交流，因此，打电话者和接电话者均应格外注意音量、语气及谈话内容，以便给对方留下美好的印象。

手机礼仪

目前，我国居民使用手机数量已突破 9 亿部，中国成为世界手机第一大国。随着手机的普及，手机持有者有必要了解和掌握使用手机的通话礼仪。一般说来，使用手机可以参照上述电话礼仪。因故不方便通话，或节假日时，可利用短信进行沟通、发送问候。短信要主题明确、言简意赅、没有歧义。发短信给不是很熟的人，一定要落款留名。不要在回复时，只发一两个字，惜字如金，往往会给对方冷漠的感觉。

此外，根据目前手机的特点，使用手机礼仪可以概括为“六要六不要”。

1. 六要　①当手机铃声响起，要尽快接听。②因故未能接听电话，发现信息后要及时回话。③通话时要使用礼貌语言，用文明字眼发短信。④要遵守公共秩序，在教室、图书馆、会议室、电影院等公共场合自觉关机。⑤在别人家作客时，要尊重主人。没有特殊情况，不要不停地使用手机打电话。⑥要注意安全，最好把手机放在提包和手袋里，因为手机挂在胸前不太安全。此外，在驾驶汽车时尽量不使用手机。

2. 六不要　①不要主动索取他人的手机号码。②一般情况下不要借用他人的手机。③不要看别人发短信，不要编写和转发黄色短信。④不要偷拍别人的形象。⑤使用个性化的铃声无可非议，但不要使用内容不文明的铃声。⑥不要在医院急诊室附近使用手机，不要在行驶的飞机上使用手机。

发短信礼仪

随着手机的普及，用手机发短信成为人们交际联络的重要手段和方式。发短信时，应讲究下述礼仪：

1. 发短信应当使用文明语言　发短信是为了加强联系，交流信息，因此，应尽可能使用文明语言写短信，而不要创作或转发一些格调低下甚至包括黄色内容的短信。

2. 发短信通常要署名　发短信署名既是对对方的尊重，也是达到目的的必要手段。因此，一般情况下，发短信最好署名，以便对方一目了然。如果不署名，很有可能让对方猜半天，有时候甚至会误事。

3. 发短信要适可而止　我们离退休后，赋闲在家，但经常挂念还在上班的子女。可以发短信问候，切不可没完没了地发短信，否则就会影响他们的学习或工作。如果对方正在上课或者主持会议或者正在商谈重要事项，闲聊天式的短信可能会让对方不悦。

4. 发短信不宜太晚　有些人觉得晚上 10 点以后不方便给对方打电话，发个短信告知就行。短信虽然更简便，但如果时间已晚，也可能会影响对方休息。

发微信礼仪

随着通信技术的发展，微信已经成为第五媒体之一，其传播时效之快、覆盖面之广、影响力之大，令微友爱不释手。使用微信，宜遵守以下礼仪。

1. 关注值得信任的微友。
2. 选择志同道合的微信朋友圈。
3. 选择合适时间发微信或转发微信，以免影响大家休息。
4. 及时回复微信。
5. 多鼓励朋友，多对优秀微信点赞。
6. 不发违法、违规信息。

第十章 家庭邻里交往礼仪

> 作为一个人，对父母要尊敬，对子女要慈爱，对穷亲戚要慷慨，对一切人要有礼貌。
>
> ——英国哲学家罗素

家庭礼仪

家庭是人类社会生活的基本单位，是社会肌体的细胞。家庭由家庭成员构成，是建立在血缘和婚姻关系基础上的小型群体。

每个人都想拥有一个美满、幸福的家庭。每位家庭成员都希望家庭关系和谐、亲密。但是，怎样才能让家庭充满欢声笑语和温馨气氛呢?

家庭生活的行为规范和准则——家庭礼仪，在这方面可以发挥重要的纽带作用和有效的调节作用。

家庭礼仪主要包括家庭成员礼仪、邻居礼仪等。为了处理好家庭关系，首先要通晓家庭成员礼仪，彼此和睦相处。此外，还应讲究邻居礼仪、邻里礼仪，和左邻右舍等搞好关系。

夫妻相处礼仪

夫妻在家庭生活中朝夕相处，应当讲究夫妻相处礼仪。

众所周知，中国有一对夫妻一辈子相敬如宾，堪称夫妻的楷模，这对令人敬佩的夫妇就是周恩来和邓颖超。他们从数十年的恩爱生活中总结出夫妻相处的宝贵经验——“八互”，即互敬、互爱、互学、互助、互让、互谅、互慰、互勉。这八条宝贵的经验，值得每一对夫妻学习和借鉴。

1. 互敬　互敬即相互尊重，相敬如宾。夫妻虽然是一家，相互间多说几句“谢谢”“请帮帮忙”或鼓励之类的话，并不是多余的。这样做既体现尊重对方，又能加深彼此的感情。

2. 互爱　互爱即互相体贴，温情脉脉。俗话说“知夫莫若妻”“知妻莫若夫”。夫妻在一起生活，相互了解彼此的性格、爱好和生活习惯等，丈夫不要在婚后变得粗暴，妻子也不要在婚后变得俗气。老年夫妻虽然不再常有恋爱时花前月下的浪漫，但体贴对方的话要常讲，关心对方的话要常说，不要忘了感情交流，一个眼神，一个手势，一声亲切呼唤，无不包含深情厚谊。

3. 互学　互学即互相学习，取长补短。夫妻各有长处，不论在事业上还是在日常生活中，要多看对方的长处，学习对方的优点，弥补自己的缺点，不断进步。

4. 互助　互助即互相支持，互相帮助，夫妻应共同承担家务。丈夫不妨多干点力气活。夫妻在事业上更要互相帮助，互相支持，共同走向人生的辉煌。

5. 互让　互让即互相谦让，切莫唯我独尊。夫妻之间要提倡平等，遇事多商量。丈夫不要以“大男子主义者”自居，妻子也不要当“河东狮”。你敬我一尺，我敬你一丈，彼此多给对方一些理解和空间，夫妻感情会更加亲近、牢固。

6. 互谅　互谅即学会宽容，互相谅解。俗话说：“金无足赤，人无完人。”何况“人有失手”。丈夫可能做事比较粗心，妻子要能够容忍；妻子或许比较啰唆，丈夫要予以谅解，彼此求同存异，互相靠拢。

7. 互慰　互慰即互相关照，彼此安慰。人生的道路曲折、漫长，不可能事事称心如意，一帆风顺。当一方在前进的道路上遇到挫折时，另一方不要讽刺、挖苦甚至奚落，而应当多安慰对方，一起分析受挫折的原因，总结经验教训，让失败变为成功之母。

8. 互勉　互勉即互相勉励，互相鼓舞。当一方取得成功时，另一方应表示热烈祝贺，并一起分享成功的欢乐，同时激励对方再接再厉，不断开拓、前进。夫妻不论在顺境还是逆境，都要互相理解，互相信任，互相支持，携手并肩，一步步走向胜利的彼岸。

与晚辈相处礼仪

言传身教

常言道：“近朱者赤，近墨者黑。”长辈的言行举止，往往对后代起着潜移默化的作用。孩子身上总是刻有长辈影响的痕迹，他们对长辈的一言一行、一举一动看在眼里，记在心上，甚至加以模仿。长辈待人热情，平易近人等等，都会对晚辈产生一定的影响。长辈在晚辈面前以身作则，为孩子树立一个可以信赖、可以效仿、可以直接感受到的好榜样非常重要。作为父母或者祖父母，平时在家中要用正确的语言教育子女，以模范的行动影响晚辈。例如，不说违背社会生活准则和社会公德的话，不做违背社会准则和社会公德的事。在日常生活中，说话要算数，任何时候都不要对晚辈撒谎。许诺孩子的事，要尽量兑现。

一视同仁

长辈与晚辈之间应保持一种亲密的关系。俗话说：“手心手背都是肉。”父母对子女应一视同仁，“一碗水端平”，对每个孩子都给予同样的爱。不要亲一个，疏一个，厚此薄彼，让孩子的心灵受到创伤。

教育有方

创造良好的家庭环境，需要家长根据不同情况对子女进行热情鼓励和及时的批评教育。批评要讲究方式方法，要循循善诱，启发引导，少训斥和唠叨，尽量不要当着外人的面批评孩子，否则会使孩子觉得在众人面前丢了脸，容易产生没脸见人、破罐子破摔的想法。长辈平时应注意观察和表扬晚辈的优点，多鼓励孩子。对孩子提出的问题，要尽量给予答复，让他们从小就树立自尊心和自信心。不过，一些长辈企图仅仅以“爱心”来感化孩子，结果“慈爱”过度，变成了溺爱，不但未使晚辈上进或改正缺点，反而使其更加不在乎。而循循善诱的教育方法，至今依然放射出理性的光彩。

作风民主

“天高任鸟飞，海阔凭鱼跃。”进入信息化社会后，行业竞争日趋激烈，人们的生活节奏越来越快，竞争意识也越来越强。胸怀大志的青年人奋发上进，学文化，学技术，学外语，学管理等。细心的长辈不仅关心晚辈的衣食住行，而且格外重视他们的成长和进步。一般说来，朝气蓬勃的青年人更喜欢自由、宽松的生活、学习、工作环境。因此，作风民主、开明的长辈要多理解晚辈的心愿，在家庭生活中尽量给孩子创造较宽松的氛围，当晚辈在生活、学习、工作中遇到困难时，长辈可提供些参考意见，少一点命令，多一些沟通。

邻里礼仪

俗话说："远亲不如近邻。"近些年来，我国城乡居民的住房条件得到较大改善，但目前住别墅的市民，毕竟只是极少数，绝大多数城市家庭，还是与楼上楼下、左邻右舍的居民为邻。

住在居民楼里，大家都希望处理好邻里关系，相安无事。可仍有不少家庭事与愿违，或为噪音烦恼，或为楼上的住户乱丢乱扔烦恼，或为孩子打架等产生纠纷，甚至反目。而凡是与邻居保持良好关系的家庭，大都比较讲究邻居礼仪。

邻居礼仪有许多讲究，最基本的礼仪有以下两点：

彼此尊重

一栋楼或一个院子里，住着各种各样的人。但不论从事什么工作，职位高低，每个人在人格上和法律面前都是平等的。因此，大家应彼此尊重，见面时互相问候，至少应点头致意。邻里之间同居一处，容易了解各家的生活习性。但千万不要打听别人家的隐私，更不要东家长、西家短，或捕风捉影，搬弄是非，以免邻里之间产生矛盾和纠纷。

互相关照

住户之间为邻居，生活在一个共同的空间之中。大家应讲究社会公德，注意维护环境卫生，合理使用院内天井和楼道空间。公用电灯坏了，立刻买新灯具换上；楼梯脏了，及时打扫干净。做一些事情和

娱乐时，要为邻居着想。例如，不要在隔壁邻居午休时，往墙上敲敲打打；晚上听歌曲或唱卡拉OK时，不要把音响的声音开得太大，以免影响邻居的生活和休息。

邻里之间要相互关照，有事互相帮忙，而不要以邻为壑，“老死不相往来”。还没有安装煤气管道的住户，见邻居换液化气罐，不妨搭把手帮忙抬上楼。当邻居家夫妻吵嘴、打架，闹得不可开交时，作为关系不错的邻居，不要袖手旁观，更不能火上浇油，而应当酌情劝架，积极做调解工作。

如今，许多家庭生活在各个小区里，大家要自觉爱护社区环境，不要乱搭乱建，珍爱花草绿地。喜欢宠物的老年朋友注意宠物喂养及卫生。此外，大家要爱护健身器材等公共设施，共建文明社区。

俗话说：“邻里好，赛金宝。”讲究邻居礼仪，妥善处理好邻里关系，就能建立真诚的友谊。而友好、祥和的邻里关系，能给生活增添不少乐趣，使家庭生活更温馨，邻里生活更快乐，社区生活更和谐。

第十一章 节庆活动礼仪

> 百里不同风，千里不同俗。
>
> ——谚语

国家法定节庆活动礼仪

根据 2013 年 12 月 11 日《国务院关于修改〈全国年节及纪念日放假办法〉的决定》第三次修订，我国的法定节庆活动有如下安排。

全体公民放假的节日：

元旦、春节、清明节、劳动节、端午节、中秋节、国庆节。

部分公民放假的节日及纪念日：

妇女节、青年节、儿童节、中国人民解放军建军纪念日。

全体公民放假的节日多数都是中华传统节日。

春节

在诸节日中，以春节最隆重。“春节”又称为过年，是汉族人千百年来最重要的传统节日，也是一年中最隆重、最热闹的节日。过年时，除夕要守岁，初一要拜年。

春节也是各少数民族人民的风俗节日。各族人民按照自己的习俗，举行各种各样的庆祝活动，具有各自浓厚的民族独特风采。如，藏族人过年，是按照自己的历法过藏历年。藏历和汉族农历相近。藏历年一般是在汉族春节过后的几天内来临的。在除夕前一天，当太阳快要落山的时候，家家户户都把脏水污物往西边倒掉，让那些脏东西跟着太阳落山而除掉，以示辞旧迎新，盼望人丁兴旺，万物生长。

此外，其他一些亚洲国家，与中国一样有过农历春节的习俗，并有法定假期。包括越南、印尼、朝鲜、韩国、新加坡和马来西亚。特别是在朝鲜和韩国，春节的地位无可匹敌，不远千里也要和家人团聚是共同风俗。另外，泰国、菲律宾和蒙古国也有过春节的传统。不过蒙古国过的是藏历春节，当地叫白月节，每年的节日起始日期要由喇嘛测算才能确定。至于日本，虽然民俗和文化深受中国文化影响，但因为明治维新之后，日本废除了农历，全部使用公历，所以就不过春节了。

春节是我国各族人民最隆重、最盛大的节日。在几千年的历史文化演变过程中，形成了许多极富生活情趣和健康意义的风俗习惯和礼仪活动。春节的礼俗活动主要有以下内容：扫年即大扫除。进入腊月后，家家户户都要把自家的房屋院落打扫得干干净净，以整洁、清新的面貌迎接新的一年。人们大都以红纸写下吉语佳言，贴在门上或墙壁上，增加了春节的欢乐气氛。年初一早上，男女老少都穿上漂亮衣服去拜年。通常，先在家中拜长辈，拜主人，年初二、初三、初四开始走访亲友，互相拜年。晚辈给长辈拜年，长辈会给“压岁钱”。机关团体、企事业单位大多举行新年团拜活动，领导和员工互致新春祝福。

清明节

清明节在每年的公历 4 月 5 日左右。这时，我国大部分地区气温转暖，万物萌发，让人感到格外清新明快，故曰“清明”。清明最早只是一种节气的名称，其变成纪念祖先的节日与寒食节有关。晋文公把寒食节的后一天定为清明节。清明扫墓是古老的寒食节祭扫祖墓活动的继续。中国古人对祭祀祖先十分重视。上古时候，家中有人去世时，只挖墓坑安葬，不筑坟丘标志，祭祀主要在宗庙进行。后来在挖墓坑时还筑起坟丘，将祭祖安排在墓地，便有了物质上的依托。清明节前后，人们结伴出外春游，领略春天生机盎然的大好景色。人们扫墓或踏青归来时，常采野花簪发或折柳栽插，表示自己祈求驱邪避煞、消灾解祸的愿望。民间谚语中就有“戴个麦，活一百；戴个花，活百八；插根柳，活百九”的说法。

端午节

每年的农历五月初五是端午节，又名端阳节。五月初五这天是我国古代爱国主义诗人屈原投江殉国的日子，因而端午节便和纪念屈原的活动紧密联系在一起了。每逢端午，人们便包粽子，吃粽子。在我国南方，人们还挑选年轻力壮的青年参加赛龙舟活动，使得传统节日内容更加丰富和健康。农历五月，天气转暖，“五毒醒，不安宁”。五毒指蝎子、蜈蚣、毒蛇、蛤蟆、壁虎。为驱五毒，人们在这一天里，大人喝雄黄酒，在门窗上插艾条，以净化空气，并将雄黄酒涂抹在小孩的耳、鼻或前额处以杀菌解毒。

中秋节

中秋节即农历的八月十五。这一天正值秋分前后，昼夜一样长，加之秋高气爽，故中秋之夜的月亮最圆最亮，人们很自然地形成了中秋赏月的习惯。由于中秋正值秋收的黄金季节，明亮的圆月又象征团

圆，人们便赋予它吉祥、美好的含义，合家团圆，饮酒赏月，吟诗作画，共度佳节。中秋节，人们赏月的同时，还要吃月饼。月饼象征着合家团聚和欢乐，所以，月饼也被称作“团圆饼”。其形取月之圆，其馅尽味之美，寄托着人们的美好愿望。

重阳节

除了这些法定节庆以外，还有一些传统节日也为民众所推崇，如元宵节、重阳节等等。特别是重阳节，是传统的“老人节”。

重阳节，又称重九节、晒秋节、“踏秋”，汉族传统节日。庆祝重阳节一般会包括出游赏秋、登高远眺、观赏菊花、遍插茱萸、吃重阳糕、饮菊花酒等活动。每年的农历九月初九，与除夕、清明节、中元节三节统称中国传统四大祭祖的节日。重阳节，早在战国时期就已经形成，到了唐代被正式定为民间的节日，此后历朝历代沿袭至今。1989年农历九月初九被我国定为老人节，倡导全社会树立尊老、敬老、爱老、助老的风气。2006年5月20日，重阳节还被国务院列入首批国家级非物质文化遗产名录。

重阳节因为在最好的赏秋时期，中国南方还有些山区村落保留了“晒秋”特色。去乡村赏民俗、看晒秋，已成为乡村旅游的一种时尚。“晒秋”是一种典型的农俗现象，具有极强的地域特色。

少数民族节庆礼仪

中国是一个统一的多民族国家。在55个少数民族中，节日之多，难以计数。民族节日是一个民族在长期历史发展中形成的、具有一定意义的、并要在这一天举行庆祝或祭祀仪式的日子。中国各民族特色各异的众多节日，大致可以分为新年节日、生产节日、青年节日、纪念节日、习俗节日和宗教节日等六个方面。

民族节庆习俗是由自然环境、历史条件、经济发展等因素造成的，所谓“百里不同风，千里不同俗”。随着地理环境、历史条件、经济发展的变化，民族风俗习惯也有所不同。这些与自然界季节更迭、祈求丰收、崇敬英雄、谈情说爱、传统习俗、宗教信仰等有密切关系的节日，是民族历史的活化石，是民族生活方式的集中体现，也是民族传统文化的生动展示。尽管各民族的节日在日期、内容、意义、过节方式等方面千差万别，但它们都有稳定性、群众性、民族性和传承性的共同特点。不少民族节日已有几百年的历史，有的甚至经历了上千年的岁月，成为深深植根大地上的一种文化现象，也是需要进一步挖掘的文化宝库。

这里我们选择一些有代表性的少数民族节日做些简单介绍。

蒙古族

蒙古族是一个历史悠久而又富有传奇色彩的民族，过着“逐水草而迁徙”的游牧生活。每年七、八月牲畜肥壮的季节举行“那达慕”大会是蒙古族历史悠久的传统节日，这是人们为了庆祝丰收而举行的文体娱乐大会。“那达慕”大会上有惊险动人的赛马、摔跤，令人赞赏的射箭，有争强斗胜的棋艺，有引人入胜的歌舞，显示出草原民族

独有的特色。

回族

回族是回回民族的简称。13 世纪，大批穆斯林从中亚迁入中国，并同当地的汉族、维吾尔族、蒙古族等融合，在长期历史过程中通过通婚等多种因素，逐渐形成了回族。回族民间节日开斋节（也叫肉孜节），又称大开斋。每年希吉来历即伊斯兰历 9 月为斋月。凡回族男 12 岁、女 9 岁以上身体健康者都应封斋。新中国成立后，国务院把开斋节定为回族的法定假日。

苗族

苗族的音乐舞蹈历史悠久，挑花、刺绣、织锦、蜡染、首饰制作等工艺美术在国际上享有盛名。苗族的先祖可追溯到原始社会时代活跃于中原地区的蚩尤部落。苗族过去信仰万物有灵，崇拜自然，祀奉祖先。节日较多，除传统年节、祭祀节日外，还有专门与吃有关的节日，苗族有很多节日，但各地区叫法和过法不尽相同，传统节日以苗年最为隆重。

傣族

傣族是一个历史悠久的民族，自称“傣仂”“傣雅”等。傣族普遍信仰小乘佛教，不少节日与佛教活动有关。在每年傣历六月举行的泼水节是最盛大的节日，这一节日傣语称“桑勘比迈”。届时要赕佛，并大摆筵席，宴请僧侣和亲朋好友，以泼水的方式互致祝贺。现在，因泼水活动是傣历新年节庆活动的主要内容，这一活动深受各族人民的喜爱。

藏族

藏族是汉语的称谓。西藏在藏语中称为“博”，生活在这里的藏族自称“博巴”。藏族普遍信奉藏传佛教，即喇嘛教。过去许多传统日均与宗教活动有关。藏族的民间节日有藏历新年、酥油灯节、浴佛节等。藏族民间最大的传统节日为每年藏历正月初一的藏历年。

壮族

壮族是我国少数民族中人口最多的一个民族，是岭南的土著民族。壮族信仰原始宗教，祭祀祖先，部分人信仰天主教和基督教。著名节日有一年一度的“三月三”歌节等，最隆重的节日莫过于春节，其次是七月十五中元鬼节、清明上坟、八月十五中秋，还有端午、重阳、尝新、冬至、牛魂、送灶等等。

朝鲜族

朝鲜族主要分布在吉林、黑龙江和辽宁省。朝鲜族的先民，是从朝鲜半岛迁入中国东北的朝鲜族人。朝鲜族民间有五大节日，至今仍然隆重欢度。

这五大节日是：元日（春节）、上元（元宵节）、寒食（清明）、端午、秋夕。朝鲜族敬重老人的传统很悠久，每年九月九日便被确定为老人安慰日。

高山族

高山族是台湾省境内少数民族的统称，包括十多个族群。“高山族”这个名称是1945年抗日战争胜利后，中国对台湾省民族的总称。高山族的节日很多。他们的传统节日大都具有浓厚的宗教色彩。“丰年祭”又称“丰收节”“丰收祭”“收获节”等，相当于汉族的春节，是高山族最盛大的节日。

满族

满族主要分布在中国的东三省，以辽宁省最多。1911年辛亥革命后，满洲族改称满族。传统节日要有春节、元宵节、二有二、端午节和中秋节。节日期间一般都要举行“珍珠球”、跳马、跳骆驼和滑冰等传统体育活动。颁金节是满族“族庆”之日。1989年10月，正式把每年的12月3日定为“颁金节”。

土家族

土家族绝大部分居住在湖南、湖北、四川。土家族自称“毕兹卡”（意为本地人），有自己的语言。土家族民间十分注重传统节日，尤其以过年最为隆重。每年农历二月初二称为社日，届时要吃社饭。端阳节吃粽子。重阳节打粑粑，土家族过去迷信鬼神，崇拜祖先，每逢年节都要大敬祖先，初一、十五也要进行小敬。

鄂伦春族

“鄂伦春”是民族自称，其含义有两种解释，一是“住在山岭上的人们”，二是“使用驯鹿的人们”。每年的6月18日是鄂伦春民族传统的节日——篝火节。这一天，鄂伦春人都要点燃篝火，欢歌舞蹈，欢庆自己民族的节日。腊月二十三也有送火神上天的习俗。鄂伦春的先人们和火结下了不解之缘，对火有着特殊的感情，对篝火无比亲近。

维吾尔族

“维吾尔”是维吾尔族的自称，意为“团结”或“联合”。维吾尔族主要聚居在新疆维吾尔自治区天山以南一带。维吾尔族的节日大都来源于伊斯兰教，是用回历来计算的。维吾尔族传统节日有肉孜节（即开斋节）、库尔班节（即古尔邦节）和诺鲁孜节。前两个源于伊斯兰教，日期是按回历计算的，每年都在移动，因此有时是在冬季，有时则是在夏天或其他季节。

节庆活动交往禁忌

汉族节庆禁忌

汉族的传统节日很多，而随着历史习惯和习俗的继承，形成了诸多的节日禁忌，这些禁忌一部分是从心理调节和生理健康的角度出发，另一方面也因为历史的原因，某些禁忌带上了一些迷信的色彩。这些，

我们应该有区别性地看待。

春节是新年之始，禁忌较多。如忌打碎器物，打碎了要说“岁岁（碎碎）平安”或“越打越发”之类的吉利话，还有忌遇殡葬，忌丧家拜年，忌吵架骂人，忌请医生，忌迁居、剃头理发等。

正月初一是新年的第一天，禁忌更多。如吃年饭忌无鱼，有鱼也忌全部吃光，是为了讨个“有余（鱼）”的吉利。吃有骨头的食物忌说：“骨头”，要说成“财喜坨”。吃饱了不能说：“我不吃了。”这是很不吉利的话。初一这一天忌动刀、斧、剪之类的器物，忌挑水、下地干活，忌借火种，忌讨债，忌购物，忌针线活，忌杀生，忌啼哭，忌说一切不吉利的话，凡“破、坏、死、光、鬼、输、穷、完了、背时、病”等一些不好的字眼都要避免。

一般来说小儿无忌，但有的地方在初一早晨家长要用干净草纸揩一揩小孩的嘴巴，意思是把小孩的嘴当屁股，即是说了不吉利的话，也当是“放屁”，不算犯忌。另外，许多地方还忌吃豆腐，因为按习俗办丧事时才吃豆腐，老人寿终正寝的叫作“倒了豆腐山”。还忌扫地，扫了地也不能把垃圾倒掉，认为会把财气扫掉；过去还忌讳初一早上倒夜壶，也认为会破财。又忌条凳（长板凳）倒地，因为人死停柩是搁在两条长板凳上的，出殡时抬起棺材，踢倒板凳才起步。总之，正月特别是初一禁忌一切认为不吉利的事情。

其他节日也多有禁忌，如二月二古称“中和节”，俗称“龙抬头”，忌动剪刀针线，忌推磨，汲水忌碰井沿，都是怕伤了龙。

清明节前一二日为“寒食节”，禁忌烟火。

七月“鬼节”忌晚间外出，以免惊动鬼神而遭殃。

八月中秋节忌阴雨，否则来年年景不好。

另外，一些节令也有忌讳，如立秋忌无雨，认为该日雷鸣下雨则预示丰收，有所谓“雷动秋，狗儿猫儿不吃粥”的俗语。但也有相反的禁忌，认为该日雷鸣主稻莠不实，有谚语“秋觳碌，收秕谷”。立冬也有忌雷鸣的，俗语说“雷打冬，十个牛栏九个空”。大概是说牲畜会死亡。

传统节庆对中国人而言，意味着欢庆吉祥、安康、团圆、幸福。因此，想方设法地去营造并竭力维护这种难得的节日气氛，可以说是传统节庆文化所孜孜以求的目标。节庆禁忌，正在其中发挥此种作用。

另外，从传统节庆的起源看，它有“岁时分节”之功。因此传统节庆提示人们密切关注季节气候的变化，而传统节庆中的诸多禁忌，实则是受传统节庆这一重要功能的驱使派遣，去做实地的督促和约束。

中华传统节庆作为中国文化的式样和载体，其传播文化的功能可以说是无处不在、无与伦比的。传统节庆中的禁忌，有许多正是借重了节庆的这一功能，得以流传后世、相沿成习。从反面以禁忌的形式出现，更易于在民间深入持久地传播流布。这或者是俗文化传播方式的多样性表现之一。

主要少数民族禁忌

对于少数民族的风俗文化和他们忌讳的事物与习惯多份了解，在与其相处时就可避免一些麻烦和尴尬。下面是我国部分少数民族的禁忌：

蒙古族，忌讳骑马、坐车到蒙古包门前下马和下车，忌讳将马鞭、刀枪带进包房内。忌讳坐蒙古包的西北角以及睡或者坐时脚伸向西北方。不能在火盆上烤脚，禁止用刀或者斧子接触火或者火旁边砍削东西。赠送礼物礼品忌单数，禁止打骂守门狗和牧牛犬。

藏族，进寺庙忌摸宗教器物，行路遇到寺院、玛尼堆、佛塔等宗教设施必须从左往右绕行，信仰本教的从右边绕行。藏族最大的禁忌是杀生，特别是受戒的佛教徒。进入藏胞的帐房后，男左女右，不得混坐。

苗族，不吃牛羊肉，忌狗肉上灶。忌在屋里煮蛇肉。父母或者同村人去世，一个月内忌食辣椒。和苗族人嬉闹时，不能用绳子或布带捆他们。苗族人在门口悬挂草帽或插青树叶，或者苗族人在举行婚丧祭祀等仪式时，客人不要进屋。路上遇到新婚夫妇，不能从他们中间穿过。

傣族，寨门附近的寨神庙平时忌进，寨心忌坐也忌脚踏或者拴马，忌移动或者触摸神树下的祭品。遇上傣族群众在祭祀寨神时，不能进寨子。不能摸小和尚的头和忌摸神像法器。进寺庙参观一定要脱鞋，妇女进佛寺不能任意走动。不能随意敲打佛寺里的鼓。进了傣族群众家，千万不能窥看主人的卧室，也不能从或堂的三脚架上跨过。

壮族，家有产妇时，门上悬挂草帽，外人不得入内。无论家人、客人都不能坐在门槛中间；不能扛着锄头或戴着斗笠走进家中。二月初二祭龙山帝王，不能砍伐山中树木，不能在山中大小便。壮族人给人递茶时，应双手捧杯，忌讳单手递送，夹菜时忌讳来回挑捡着吃。壮族人忌食牛肉和蛙肉。

维吾尔族，最忌讳在户外穿短裤，晚上睡觉时不能头东脚西或四肢平伸。在维吾尔族家作客，洗手时不可将沾污水的手乱甩；要待长者坐好方可就座；吃抓饭时不要满盘子乱抓或者将抓过的肉食再放入盘内；吃剩的残骨不要乱扔，应放在自己面前的餐布上；用餐时外出不可从餐布上跨过或者从客人面前走；作客时不能当着别人的面吐痰。

满族，不打狗、不杀狗，忌讳吃狗肉，不戴狗皮帽子、不穿戴狗皮袖头的衣服，不当着主人的面赶狗，更不说狗的坏话。忌讳打喜鹊和乌鸦。以西炕为上，忌讳坐西炕。忌在杆上拴牲口。

朝鲜族，出殡必在单日。朝鲜族妇女怀孕后如不能吃鸭、兔、狗和猪肉。孕妇不能翻越墙壁。不能跨马缰绳，从马缰绳上跨过。不能坐笤帚，不能搬动陶蒸笼、瓦缸等物。也不能看人家办丧事，不能看人家迁坟、救火等。生了婴儿的人家在大门上挂一根草绳作为禁绳，禁止外人进入。朝鲜族不喜欢吃鸭子、羊肉、肥猪肉。老人地位很高，平时老人的饮食是单独制作和用餐的，如果父子同席，儿子不能当着父亲的面吸烟或饮酒。朝鲜族忌讳敲门，进访者应呼叫主人。

土家族，忌食狗肉，忌随意移动火坑中的三脚架，忌用脚踩灶或者坐在灶上以及将衣服、鞋袜和其他赃物放在灶上。客人不能与少妇坐在一起。禁忌在家里吹口哨或随意敲锣打鼓。

参考文献

[1] 刘金成．“切莫把宗教与民族风俗习惯混为一谈”．中国民族宗教网，2012，10.

[2] 渡边欣雄．汉族的民俗宗教．天津：天津人民出版社 .1998，02.

第十二章 旅游礼仪

有礼走遍天下。

——新格言

随着市场经济的发展和人民生活水平的提高，人们把外出旅游度假看作是生活中的轻松节目之一。近年来，利用“五一”“十一”、春节等长假和双休日时间，在国内观光旅游和出国旅游的人数逐年增加，不少家庭还利用节假日驾车外出旅游。

国内旅游礼仪

我国是一个人文景观十分丰富、自然景观多姿多彩的国家。人们通过旅游，饱览祖国的大好河山，细细品味历史古迹，不仅可以开阔胸襟，拓展视野，更可增长见闻，开启心智。我们忙了大半辈子，从岗位上退下来，现在终于有充裕的时间游走天下。然而，出门旅游，不仅要掌握旅游景点知识，还应当了解有关旅游礼仪，才能够游得开心，旅有所获。

事先掌握景点知识

到一个旅游点之前，可以提前查阅有关资料，大概了解一下该地的山川地貌、风土人情、历史沿革、政治经济、文化状况等。对历史古迹，应该大略知晓其历史年代、文物特点、有关典故等，这样在游览中自然会意趣横生、联想丰富，不仅个人可以获得美的享受，还可以向同伴不时讲解，提出建议，让大家都能享受自然之美，理解古迹的文化价值和意义。

注意言行举止

外出旅游，衣着要端正、整洁，不要穿奇装异服。候车时不要叽叽喳喳。购物（购票）、入场，均应遵守先后次序。

参加观光游览团体，一定要遵守时间，严守“提前 10 分钟”到达集合地点的原则，以免时间仓促，心慌意乱，举止失措或遗忘东西，如果因拖延了时间，让团队其他人久等，这是非常不礼貌的行为。

团体旅游中，即使听不懂导游的讲解，也不要显得不耐烦，或在一旁高声谈笑。若有问题，应待导游讲解告一段落后提出。下车参观时，切记车辆牌号，听清楚开车时间，以免迟到。

到达观光地点，应先注意听导游介绍后，再拍照留念。禁止拍照的地方，即使无人看守，也应自觉遵守不可拍照的规定。在景点若遇见外国游客，没有征得同意，千万不能对着人家胡乱拍摄。如想邀请外国友人一起拍照，则必须先礼貌地征得对方的同意，既不可勉强，也不可偷拍。进入教堂、寺庙应保持肃静，不可随便拍照，应遵守教堂、寺庙的严格规定。

在景区不要高声喧哗。走热了，可以脱去外套，但不要脱去衬衣或鞋子，赤身露体或光脚丫都有碍观瞻。到少数民族地区旅游，应了解当地的民俗民情，尊重当地的风俗习惯。

自觉保护景点资源

外出旅游一定要注意保护景点资源。攀折花木，随处乱扔罐头盒、纸盒、塑料瓶、包装袋，随地吐痰、便溺，在山林中点火、吸烟等等都是不遵守游览规则的不文明行为，既破坏了优美的自然环境，又留下了安全隐患。保护环境，爱护自然，留给我们自己和子孙一个清新洁净的生存空间，已成为当今世界的潮流。

俗话说“人过留名，雁过留声”。有的过度兴奋的游客喜欢在古迹上信手涂抹，“某某到此一游”，把自己的姓名刻在古迹上。殊不知，这样做，既破坏了古迹，又反映出这位“作者”素质不高，非但不能流芳百世，反而只会丢人现眼。

为提高公民文明素质，塑造中国公民良好国际形象，中央文明办、国家旅游局于2006年10月联合颁布《中国公民出境旅游文明行为指南》《中国公民国内旅游文明行为公约》。

其中，《中国公民国内旅游文明行为公约》内容如下：

营造文明、和谐的旅游环境，关系到每位游客的切身利益。做文明游客是我们大家的义务，请遵守以下公约：

1. 维护环境卫生　不随地吐痰和口香糖，不乱扔废弃物，不在禁烟场所吸烟。

2. 遵守公共秩序　不喧哗吵闹，排队遵守秩序，不并行挡道，不在公众场所高声交谈。

3. 保护生态环境　不踩踏绿地，不摘折花木和果实，不追逐、投打、乱喂动物。

4. 保护文物古迹　不在文物古迹上涂刻，不攀爬触摸文物，拍照摄像遵守规定。

5. 爱惜公共设施　不污损客房用品，不损坏公用设施，不贪占小便宜，节约用水用电，用餐不浪费。

6. 尊重别人权利　不强行和外宾合影，不对着别人打喷嚏，不长期占用公共设施，尊重服务人员的劳动，尊重各民族宗教习俗。

7. 讲究以礼待人　衣着整洁得体，不在公共场所袒胸赤膊；礼让老幼病残，礼让女士；不讲粗话。

8. 提倡健康娱乐　抵制封建迷信活动，拒绝黄、赌、毒。

让我们都自觉遵守上述公约，做一位谈吐文雅、举止有度的文明游客。

国外旅游礼仪

我国实行改革开放以来，经济建设蓬勃发展，人民生活水平得到提高。如今，人们口袋里“暖和”起来，出国旅游者越来越多。出国旅游与国内旅游在性质上差别不大，主要目的都是了解外面的世界，欣赏自然风光和人文景观，远眺一望无际的大草原，呼吸大森林的清新空气，享受海风的吹拂，观看壮丽的日出，领略大自然鬼斧神工之妙，端详造型奇特的外国建筑，体验五光十色的社会文化，观察各地迥异的风土人情，同时也是一种纯粹的精神享受和放松身心的休闲行为，故也应当事先了解景点知识等。不过，我们在国外旅游观光，我们的言行举止不仅反映自己的素养，而且还代表中国人的形象。因此，我们出国旅游，更要讲究礼仪。此外，由于历史、文化背景不同，中国和外国在许多方面存在差异，所以，我们出国前要对旅游目的地有所了解。

俗话说“入国而问禁，入乡而问俗，入门而问讳”。中国习俗和外国习俗有很大的差异，出国旅游要了解和尊重所在国（地区）的风俗习惯，否则，可能会引起误会。例如，我们去东南亚国家旅游，不要随意摸当地小孩的头，因为当地人认为，一般凡夫俗子摸小孩的头，会给他带来厄运。而我们在信奉伊斯兰教的阿拉伯国家进餐时，尽可能不喝酒，不吃猪肉，以免犯穆斯林的忌讳。因为，伊斯兰教禁止喝酒、吃猪肉。再如，我们去美国夏威夷旅游，我们不仅要了解夏威夷的历史、文化、气候、景点等，还应当了解夏威夷居民的风俗习惯等。此外，我们可以参考中央文明办、国家旅游局于 2006 年 10 月联合颁布《中国公民出境旅游文明行为指南》，其基本内容如下：

中国公民，出境旅游，注重礼仪，保持尊严。

讲究卫生，爱护环境；衣着得体，请勿喧哗。

尊老爱幼，助人为乐；女士优先，礼貌谦让。

出行办事，遵守时间；排队有序，不越黄线。

文明住宿，不损用品；安静用餐，请勿浪费。

健康娱乐，有益身心；赌博色情，坚决拒绝。

参观游览，遵守规定；习俗禁忌，切勿冒犯。

遇有疑难，咨询领馆；文明出行，一路平安。

我们在国外旅游时，心中要有大国公民意识，作为炎黄子孙、龙的传人，时时处处自觉遵守上述指南中的要求，遵守当地法律、法规，尊重旅游业工作人员及当地风俗习惯，爱护公共设施，保护自然环境，中国人在世界上的形象就会越来越好，中国的国际地位也会越来越高。

2015 年，国家旅游局制定了《游客不文明行为记录管理暂行办法》，游客有以下 6 种不文明行为将被纳入旅游部门的“游客不文明行为记录”：

1. 乱公共汽车、电车、火车、船舶、航空器或者其他公共交通工具秩序。

2. 破坏公共环境卫生、公共设施。

3. 违反旅游目的地社会风俗、民族生活习惯。

4. 损毁、破坏旅游目的地文物古迹。

5. 参与赌博、色情活动等。

6. 严重扰乱旅游秩序的其他情形。

相信我们每个人都希望以自己的实际行动与出色表现登上文明旅游光荣榜，而不愿被列入文明旅游黑名单。

游客交往礼仪

大家有缘结伴旅游或者同团旅游，或在旅游景点相遇，都是机缘。大家需要彼此尊重，互相关照，友好相处。

大家同团旅游，需要彼此尊重，尊重对方的人格，不要对他人评头论足，指指点点。除非对方主动介绍个人婚姻、家庭、收入、退休金等情况，不要打听别人的隐私。

大家在一起旅游，可以分享旅游信息，可以交流生活经验，遇到不平的路，可以提醒队友小心；对方需要帮忙拍照等，我们乐意而为。

相逢是缘。大家在旅游途中要友好相处，真诚相待，保持平和的心态和愉快的心情，语言文明，笑口常开，互相谦让，彼此留下美好的印象。

当你老了

作词：赵照
作曲：赵照

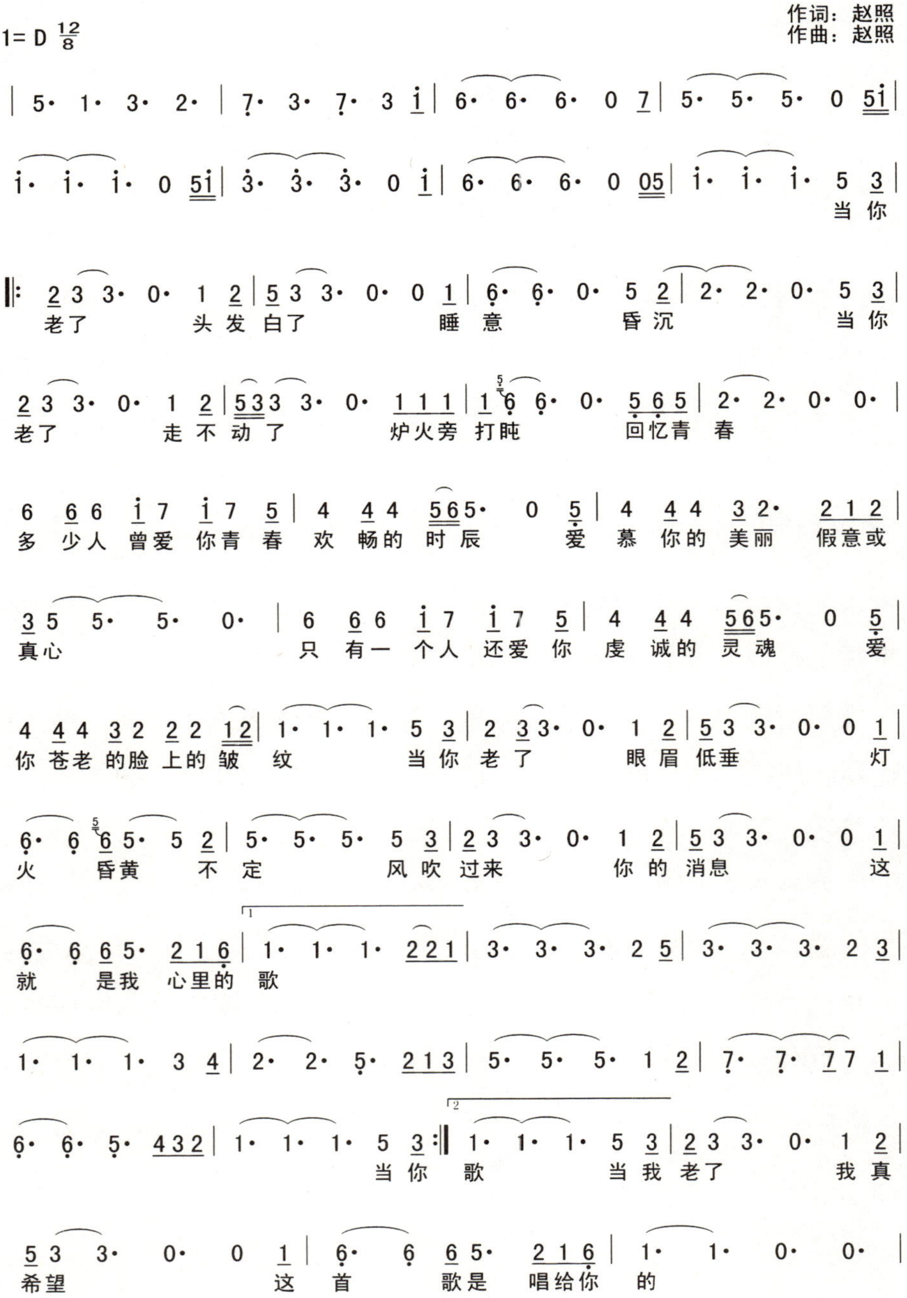

创作背景

这首歌曲的创作是源于赵照对母亲的感情，之前一直“北漂”做音乐，赵照很少给母亲唱过歌。在偶然读到爱尔兰诗人叶芝的诗歌《When you are old》时，他忽然想到了自己的妈妈在窗户下灯光昏黄的模样，有感而发写成了这首歌曲。

赵照很羡慕那些既懂音乐，也深谙文学的音乐诗人，在看到这首诗后，就被诗歌的意境所打动，希望能用自己的音乐表达出来。在制作单曲时，赵照就是一直琢磨如何把诗唱成歌，还要保留一些诗歌灵魂的东西。最后有了这首歌，赵照觉得歌里唱的东西是每一个人都需要的，于是他就唱出这首歌送给大家。

POSTSCRIPT

后记 让您的岁月更优雅

一个人的最高境界，莫过于做到“优雅一生”。优雅是超脱岁月的自信、宁静、端庄、美丽和真诚，是长期保持优秀品格和高雅行为习惯的积淀。我追求优雅，希望达到更高的境界。在领略了易中天教授的感人诗篇《老年是一首秋天的诗》之后，更坚定了我朝着“优雅一生”目标前行的决心。而与此同时，也激发了我要为中老年朋友献上一本礼仪新书的愿望和梦想。

我满怀激情，向湖北科学技术出版社申报了出书计划，书名为《让您的岁月更优雅》，让我欣喜的是很快得到了出版社领导的批准。在聪慧、严谨、认真、负责的严冰编辑的精心指导下，我盛情邀约了武汉大学阿拉伯研究中心主任、著名礼仪专家、湖北省礼仪学会会长李荣建教授和《优质人生》国际教育机构董事长、著名教育学、高级心理学专家关一鸿女士共同完成该书的编撰工作。他们爽快地接受了邀约，并尽职尽责地投入到书稿的撰写工作中，让我特别感动与感谢！

本书的读者群是中老年朋友，我们希望本书简明扼要、图文并茂、形式活泼、通俗易懂、有所创新。为此，特约了华中农业大学植物科学技术学院马平福老师、江汉区老年宫老年大学钱文斗校长、金色时光艺术团团长肖荆荣老师、艺术团汪顺老师、摄影师何防汛老师、武汉电视台《乐龄春秋》栏目制片人、导演李斌等参与拍摄，金色时光艺术团、模特协会及华中农大的中老年朋友协助拍摄工作。在此向他们一并表示最诚挚的谢意！

在这里我还要特别感谢为本书题写书名的中国知名作家、学者、教育家易中天教授。他目前正处于夜以继日连续奋战撰写32卷《中华史》分秒必争的情况下，欣然接受了编辑和我的盛情邀请，百忙中挤出时间为本书题写书名，让我们感动不已！借此机会，衷心祝愿易中天教授的巨著早日完美收官！

还要感谢牛均富先生，这位被著名艺术家孙道临赞誉为“行吟诗人”的著名影视评论家，湖北省电影家协会副主席，受我们之邀以诗《优雅之美》为本书作序。而这首诗，也将成为他数百首诗中即兴创作的、有感而发的、匠心独具的新诗。

本书的编排、出版得到了出版社领导及编辑，特别是责任编辑严冰的大力支持和辛勤付出。在此向湖北科技出版社表示衷心的感谢！

全书的协作分工如下：冯兰教授负责撰写前言、后记、形象礼仪篇的第一、二、三、四章及全书的统稿和歌曲选辑工作；关一鸿女士负责撰写气质修养篇的第五、六、七、八章；李荣建教授负责撰写社交礼仪篇的第九、十、十一、十二章（其中第十一章由熊杰副教授撰写）。

在撰写书稿的过程中，我们组织了十余次研讨交流，大家齐心协力，不断完善、丰富、创新书稿内容，达成共识。在真诚的交流中，加深了彼此间的友谊。大家都非常享受这个既艰辛又快乐的写作过程。

在书稿即将完成之时，我们的内心依然忐忑。希望呈献给社会大众的这本书，能够让更多的中老年朋友从中获益，希望我们每一个人的岁月都更加优雅！

冯　兰

2016年9月6日

图书在版编目（CIP）数据

让您的岁月更优雅：漫话老年礼仪 / 冯兰，李荣建，关一鸿编著 . —武汉：湖北科学技术出版社，2017. 2
ISBN 978-7-5352-9270-4

Ⅰ . ①让…　Ⅱ . ①冯…　②李…　③关…
Ⅲ . ①老年人—礼仪　Ⅳ . ① K891.26

中国版本图书馆 CIP 数据核字（2016）第 319010 号

责任编辑　严　冰　傅　玲
装帧设计　喻　杨

出版发行　湖北科学技术出版社
地　　址　武汉市雄楚大街 268 号
　　　　　（湖北出版文化城 B 座 13 ～ 14 层）
邮　　编　430070
电　　话　027-87679468
网　　址　http://www. hbstp. com. cn
印　　刷　武汉市金港彩印有限公司
开　　本　710 × 1000　1/16　9.25 印张
版　　次　2017 年 2 月第 1 版
　　　　　2017 年 2 月第 1 次印刷
字　　数　108 千字
定　　价　32.00 元